JN411283

여정

旅情

이상민 여행산문집 旅情

사라질 기억이 당신 때문에 책이 되었다

작가의 말

고향 바다를 떠난 후, 무슨 역마살이 꼈는지 학창 시절부터 나는 곧잘 열차에 몸을 싣고 떠났다. 가보지 못한 곳에 대한 그리움이 가슴을 치밀었고 알지 못하는 생각의 숲을 이리저리 헤매며 목마름을 채웠다. 한동안 생활의 울타리에 갇혀 있기도 했지만 낯선 풍경의 거울에 나를 비추고 싶은 마음은 어쩔 수 없었다.

떠들썩하고 분주한 여행을 멀리하고 현재의 유일한 근거인 과거의 기억을 찾아 떠났다. 음악이 그러하듯 여행의 끝은 돌아옴이다. 이미 지나온 풍경은 길과 함께 사라졌지만 "자유롭지만 그러나 고독한" 여정旅情은 비문처럼 글로 남았다. 아직 가지 못한 이에게는 설렘을, 가본 이에게는 추억과 느껴보지 못한 감정의 바람을 일으키고 싶다.

지난 3년간 월간 《토마토》에 연재한 글과 사진을 다듬어 한 권의 책으로 엮었다. 혼자만의 인상과 풍경 너머의 시가 책을 채우고 있다. 책이 나오기를 오랫동안 기다렸던 모두에게 그리 대단한 것은 아니지만 이제야 보여줄 수 있음을 기쁘게 생각한다. 아울러 이 책을 발판으로 부지런한 글쓰기의 이정표로 삼고자 한다. 끝으로 모자란 글을 훌륭한 책으로 만들어주신 도서출판 〈심지〉에 깊은 감사를 드린다.

2011년 가을

이상민

_ 차례

풍경에는 이름이 있고

다시 그 이름에는 기억이 새겨져 있다.

_ 니코스 카잔차키스

숲 속의 오솔길

숲길을 걸어간다. 봄꽃이 내려앉고 온갖 크기의 잎사귀가 가지와 줄기의 여백을 채우며 온 산을 푸르게 뒤덮은 숲길을 혼자 걸어간다. 이따금 삶의 틈이 점점 사라지는 도심을 벗어나 가까운 계룡산을 찾는다. 집을 떠나 한참을 가야하는 먼 곳으로의 여행과 달리 가까운 근교로 나서 보는 일은 값을 얼마 치르지 않고 누릴 수 있는 소중한 선물이다. 수많은 관계의 그물에 묶여 있는 자신을 자유롭게 하는데 혼자 깊은 숲길을 걷는 것보다 나은 일은 없다.

계룡산 박정자 삼거리에서 왼편으로 펼쳐진 계룡산으로 들어서면 얼마가지 않아 계룡대로 넘어가는 길이 나온다. 오르막이 시작되기 전 왼편으로 개울이 흐르고 작은 표지판이 서 있다. 계룡산 국립공원 동월계곡. 공원 관리소 주차장에 차를 놓아두고 가벼운 몸으로 숲으로 난 길을 따라 걸어간다. 신록이 더해가는 이즈음 나는 가끔 혼자 이 길을 걷는다.

완만한 아스팔트길의 주인은 차가 아니라 걷는 사람이다. 자동차는 밉지 않을 만큼 드물게 지나가기 때문이다. 경사는 완만하고 오른쪽으로 흐르는 작은 개울은 귀가 심심하지 않게 노래를 부른다. 머리 위로는 활엽수의 넓은 잎사귀가 지붕처럼 나를 덮고 있다. 고개를 들어 빤히 하늘을 쳐다보면 나뭇잎 사이로 푸른 하늘이 맨살을 살짝 보일 뿐이다.

숲길은 구불구불하다. 비록 사람의 손이 닿아 산 아래 마을까지 포장이 되어 있지만 도심의 길처럼 공간을 자르며 뻗은 직선의 길은 아니다. 처음부터 있어왔던 산자락과 개울이 사이좋게 있는 모습에서 길과 숲은 둘이 아니다. 오전의 햇살이 싱그럽게 나무와 나무 사이를 신비롭게 비춘다. 한 번씩 불어오는 바람은 그 모든 기운을 물결처럼 일렁이게 하고 길을 걷는 나에게는 눈을 감고 가슴깊이 숨을 들이쉬게 만든다.

아침나절 동월계곡 길을 따라 걸으면 나무와 햇빛은 내게 수많은 그림을 보여준다. 나무들의 그림자가 길 위에 누워있다. 그림자는 바람에 따라 저절로 움직이며 살아있는 그림이 되어 또 다른 환생을 꿈꾸는 것이다. 한참을 걸어가면 계곡을 끼고 마음속의 소원을 비는 작은 기도처가 보인다. 그리고 그곳까지 걸은 만큼 더 걸어가면 길이 끝나는 곳에 작은 마을이 있다. 마을 제일 높은 곳에 암자가 하나 있는데 석탑 옆에는 늘 물이 흘러 마른 목을 축일 수

있다. 암자라고 하지만 가정집에다 불상을 모신 곳이다. 암자 앞마당에서 사방을 둘러보면 온통 산으로 둘러 쌓여있고 마을은 그 속에 앉아있다. 겹겹이 둘러싸인 숲의 성城에서 나는 누구도 침범할 수 없는 가슴 벅찬 온 존재의 호흡을 경험하게 된다.

왔던 길을 돌아가는 길은 언제나 그렇듯 가깝고도 쉽다. 그것은 이미 한 번 걸어본 것에 대한 익숙함 때문이다. 혼자 길을 걷는 일은 외로운 일이다. 현대인은 외롭다고 말한다. 그런데 무엇이 부족해서 또 외로운 길을 걸어야 할까? 현대인의 외로움은 본질적으로 '소외' 이다. 그것은 존재의 불일치가 만든 상처이다. 그러나 숲길의 외로움은 '고독' 이다. 고독은 순수한 자기 시간을 통해 누리는 자유로움이다. 가족, 연인, 친구와 함께 걸을 수도 있지만 혼자 걸으며 고독의 시간을 가지려하는 것은 바로 고요한 기쁨의 순간을 가지고픈 마음의 소산이다.

숲의 작가라고 불리는 아달베르트 슈티프터A. Stifter의 소설『숲 속의 오솔길』을 보면 주인공 티부리우스는 백과사전적 지식을 가지고 있었지만 우울증에 시달린다. 의사의 권유로 그는 숲 속 온천에서 산책을 하고 운동을 하면서 숲의 기운을 느낀다. 그리고 숲 속에서 만난 딸기 아가씨와 결혼에 이른다. 슈티프터는 세밀화처럼 숲의 모습을 써내려가고 자연의 치유력을 높은 차원으로 이끌어낸다. 숲은 이렇게 삶의 여정 속에서 지친 몸을 치유하는 비밀스런 공간으로 옛날부터 인간에게 인식된 곳이다.

동월계곡이 '혼자만의' 숲길을 체험하게 해준다면 반포면 상신리 길은 '함께 가는' 길이다. 자동차를 아예 하신리쯤에 세워두고 길옆 논밭 풍경을 끼고 걸으면 모를 내려고 물을 가둔 논바닥에서부터 올라온 젖은 흙내가 개울가 버들강아지 줄기처럼 뻗어온다. 멀리 뾰족하게 지은 전원주택과 오래된 농가가 부락을 이룬 모습이 정겹다. 상신리 버스 종점에는 늘 마을 어르신들이 별 일없이 앉아 지나가는 등산객들을 들마루에서 지켜보고 계시는데 바로 그 옆 당간지주도 그렇기는 매한가지다. 차부 슈퍼에서 양갱 하나와 생수 하나를 사서 배낭에 넣고 남매탑으로 오르는 등산로를 따라가 본다.

흙을 밟으며 가는 길에는 산 저쪽에서 뻐꾸기가 무료한 한낮을 깨우며 소리 지른다. 동학사 쪽 길에 비해 상신리 길은 한적하다. 오르는 길에 마주치며 지나가는 이들도 숲의 일부가 된다. 내 앞을 지나간 이의 얼굴을 보며 그 사람의 삶을 상상해보는 일은 또 하나의 즐거움이다. 그리고 저 사람은 왜 산길을 걷고 있는 것일까? 이런 질문은 바로 나에 대한 질문으로 바뀌어 나는 누구이고 무얼 위해 지금 걷고 있는가를 묻게 되는 것이다.

남매탑까지 오르는 길은 그리 경사가 심하지 않다. 고갯마루에서 땀을 식히느라 앉아 있다 보면 어느새 모르는 이도 같은 길을 걷는 도반이 되어 자연스레 대화를 나누게 된다. 이 또한 숲 혹은 산의 친화력이라 할 수 있다. 모르는 이에게 웃음을 짓고 말 건네기가 서툰 이들도 이 길 위에서는 어려움이 덜하다. 남매탑에 올라 크고 깊은 숨을 몇 번 쉬고 약수를 떠먹는 상쾌함은 순전히 걷고 땀 흘린 사람만이 느낄 수 있는 것이다. 생활의 상념을 털고 일어나면서 합장을 하고 돌아선다.

산 아래 마을로 내려오는 길은 오를 때보다 한결 여유로워 나무와 야생화의 면면을 볼 수 있다. 상신리 마을이 보일 때쯤 등산로를 벗어나 계곡 너럭바위에 걸터앉아 신발 끈을 풀고 발을 담그면 얼음장처럼 시린 계곡물에 산행의 피로도 씻긴 듯 사라진다. '궁산을수弓山乙水' 라고 새긴 풍류의 자취 속에 성현의 가르침을 따르고자 구곡九曲을 노래한 선비들의 얼굴이 떠오른다. 계곡 맞은편 산머리에 벌써 해가 뉘엿뉘엿 저물고 산 아래 동리는 저녁을 준비하는 연기가 피어오른다.

매일 반복되는 일상의 레일 위를 달리는 도시민에게 근교의 산은 넉넉한 숲을 안겨준다. 두 팔을 벌린 채 서 있는 나무들, 나무와 나무 사이로 흐르는 바람, 바람을 타고 나는 새들의 합창을 들을 수 있는 숲길은 떠들썩한 해외여행이나 유명 관광지에서 누릴 수 없는 고요함과 온전함을 값없이 그저 얻을 수 있는 보물 같은 길이다. 신록이 더 짙어지기 전, 연둣빛 숲으로 혼자 걸어보자.

은행나무의 침묵

봄이다. 신호탄처럼 꽃망울을 터뜨리는 봄꽃들이 지천이다. 산수유, 목련, 매화, 개나리, 벚꽃 그리고 복숭아꽃에 배꽃까지 국토의 머리끝에서 발끝까지 어디 한군데 못난 구석 없이 온통 제소리를 내는 봄날이다.

판암동으로 차를 몰아 식장산을 뒤로하면 도심은 어느새 자취를 감춘다. 옥천을 지나 충북 영동으로 가는 길, 옥천군 이원면은 우리나라 최대의 묘목 시장이다. 면소재지는 여느 시골과 같지만 길가 좌우로 펼쳐진 들녘에는 이름은 모르지만 하늘을 향해 자라나는 반듯한 묘목들이 빼곡하다. 이원면을 지나 쭉 뻗은 벚꽃 길은 일품이다. 이원 저수지까지 가는 수 킬로미터의 길이 벚꽃으로 흩날리고 좌우 들판에는 빛깔이 다른 묘목이 함께 달리는 풍경이 이어진다. 붉은 복숭아꽃이 절로 '고향의 봄' 을 흥얼거리게 한다.

벚꽃길이 끝나는 곳에 우뚝 선 느티나무가 있고 이원 저수지는 파란 봄 하늘을 담고 있다. 한가로이 낚시를 하는 이들의 모습은 부러움을 사지만 그것도 잠시 차는 고갯길을 넘는다. 재를 넘으면 영동군 양산면이란 이정표가 지금 내가 어디쯤에 있는지를 말해 준다. 고갯길을 내려가 얼마되지 않아 오른쪽에 천태산 영국사天台山 寧國寺라는 표지판을 비로소 마주한다.

넓은 주차장엔 상춘객들과 등산객을 가득 실은 대형관광 버스들이 즐비하다. 산 아래 모습은 이름 있는 여느 산과 다를 바 없다. 주차장 주변에서 산나물을 파는 시골 할머니의 모습도 그러하다. 매표소를 지나면 완만한 길섶으로 가을에 절정을 이루는 단풍나무가 가지런히 줄을 지어있다. 영국사로 가는 천태산 등산로는 계곡을 따라 가지만 경사가 심하지 않아 아이들과 함께 오르더라도 크게 무리가 따르지 않는다. 등산로 초입의 바윗돌에 '충북의 설악' 이라고 천태산을 자랑하는 글씨가 새겨져 있는데 솔직히 이런 문구는 마음에 들지 않는다. 우리나라 어딜 가도 있는 '어디의 소금강' 이라는 문구랑 같은 꼴인데 솔직히 유명한 무엇을 내세워 자신의 모습을 높이려는 태도가 그대로 보이기 때문이다. 그냥 천태산은 천태산만의 매력이 있음을 자랑하면 안 되는 걸까?

오른쪽 계곡에는 물이 차오르는 풍광은 아니지만 괴석들이 큰 덩치를 드러내고 왼쪽 산자락에도 기이한 바위가 오르는 길을 심심하지 않게 한다. 조금만 걸으면 치맛자락 같은 삼신할미 바위가 있는데 머리 위까지 덮을 기세다. 갖가지 소원을 비는 돌탑들도 주위에 많다. 재미있게도 맞은편 바위벽에 붙어서 떨어지지 않는 돌멩이들이 지나는 이의 호기심을 자극한다. 좀 더 오르면 계곡을 끼고 돌면서 좌측 너럭바위에 옛 사람이 새긴 '천태동천天台洞天' 이란 글귀가 있는데 '동천' 이란 산천으로 둘러싸인 경치 좋은 곳이란 뜻인데 잠시 주위를 둘러보면 거짓이 아니다.

글씨를 머릿속에 새겨두기도 전에 좌측에 긴 폭포가 미끈하게 흘러내린다. 천태산이 물이 많은 산이 아니어서 쏟아지는 폭포수가 소리를 낼 만큼은 아니지만 미끈한 바위가 잠시 발걸음을 멈추게 한다. 3단으로 이루어져 삼단폭포라 이름 하는데 오히려 삼단 같은 머릿결이 연상된다. 폭포의 폭瀑자가 거품을 내며 거칠게 쏟아져 내리는 물줄기라는 점에서 사실 이곳에는 다른 이름을 지어야 할 것 같다. 삼단 폭포를 지나 침목으로 만들어진 계단을 딛고 조금 가파른 고개를 오르면 바로 영국사가 보인다.

사실 고개를 넘으면 영국사는 보이지 않고 대신 천 년을 넘게 살아온 거대한 신목神木으로 서 있는 은행나무가 보인다. 영국사는 은행나무 그늘에 가려 조촐하게 앉아있다. 봄날 아직 잎사귀가 나오지 않은 은행나무는 오히려 더 신비롭다. 너무도 오랜 세월을 지나 이제 형상은 무어라 말하기 힘든 모습으로 우두커니 서 있다. 은행나무의 침묵은 사사건건 입방아를 찧는 세간의 사정과는 확연하게 다른 탓에 은행나무 앞에 서 있으면 누구나 숭고의 감정이 일어난다.

영국사는 사실 절간의 모습이 그리 대수롭지 않다. 통일신라 때 창건되어 고려 때 원각국사에 의해 다시 태어난 오랜 연혁 때문인지 절의 규모와 달리 영국사에는 보물로 지정된 삼층석탑과 부도, 원각국사비가 있다. 화려하거나 특이한 점이 없다보니 일반인에게는 그저 그렇게 보일 수 있을지 모른다. 오

히려 절간에서 흔히 볼 수 있는 범종이 없다는 점이 대수롭다. 양문규梁文奎의 시집 『영국사에는 범종이 없다』에는 "바람 속을 종소리 대신/ 소똥 묻은 새가 울고 간다"라고 한 다음 "마음의 관음/ 종소리 아닌 종이 운다."고 했다. 시인의 표현처럼 눈에 보이는, 귀에 들리는 소리 이전의 침묵의 소리를 듣고자 한 선지식善知識의 큰 뜻인지 모를 일이다.

영국사를 내려가는 길은 오르막 고개에 있던 간이매점을 끼고 소나무가 울창한 망탑봉으로 간다. 애당초 왔던 길을 다시 간다는 것이 지루하기도 하거니와 영국사 풍광 가운데 이곳만큼 좋은 곳도 없기 때문이다. 완만한 숲길을 조금 오르면 넓은 바위가 나오고 고래 모양의 큰 바위가 조금 빨라진 호흡을 되찾아 준다. 바위 봉우리 정상엔 작고 소박한 고려 시대의 삼층석탑이 단정하게 서 있다. 탑 아래에서 합장을 하면 뒤로는 천태산이 후불탱화처럼 펼쳐져 있고 고개를 들어 탑신의 꼭대기를 바라보면 푸른 하늘 가운데 오롯하게 앉아있는 부처님이 따로 없다. 망탑봉에서 내려다보는 정면은 자신이 올라왔던 주차장은 손바닥만 하고 말 그대로 산자락이 한가슴에 차고 들어온다. '호연지기란 게 바로 이런 거구나' 라는 생각이 바람처럼 지나간다.

망탑봉을 내려가면 개울이 흐르고 그리 크지 않은 진주폭포가 아슬아슬하게 쏟아진다. 산행을 하는 이는 밧줄을 잡고 내려가면 처음 자신이 올랐던 등산로와 다시 만나게 된다는 사실을 깨달을 것이다. 삶의 길도 하나가 아니라 사실 여럿이 놓여 있는데 혹시 우린 하나의 길만이 전부라고 착각하고 있는 것은 아닐까?

신발에 묻은 흙을 털어내고 집으로 가는 길은 집을 나설 때와는 다른 마음을 얻어간다. 특별히 누군가가 가르쳐 준 것도 없지만 자연에 잠시라도 자신을 놓아두기만 하면 그저 얻는 게 산행의 묘미일 것이다. 집으로 돌아오는 길은 옥천 쪽이 아니라 양산 쪽으로 가서 금강 물줄기가 보이는 금산 쪽으로 강을 따라 흘러오는 길이 제격이다. 특히 저물녘 햇살에 여울이 눈부시게 반짝거리는 모습은 음악적이다. 맞은편 강은 붉은 절벽과 우뚝 솟은 땅덩어리의 육중함이 든든하게 버티고 있어 보는 이를 의지하게 만든다. 강마을 이쪽저쪽으로 어죽을 끓이는 집이 흩어져 출출한 속을 채우는 즐거움도 무시할 수 없다.

그리 많은 시간을 낼 필요도 없이 주말 점심나절에 일상의 옷을 벗어두고 구겨져도 좋을 바지와 티셔츠를 걸치고 죽은 줄만 알았던 겨울의 침묵을 깨고 태어나는 봄을 느끼는 일은 소중하다. 도회 생활을 청산하고 한동안 영국사에 머물며 자신을 돌아보았던 양문규의 시집 『집으로 가는 길』을 펼쳐들고 시인의 마음과 하나가 되어 본다.

집으로 가는 길

영국사에서 집으로 가는 길
산수유 가지 위
새들이 안팎 없이 노닌다
노오란 꽃잎,

쪽빛 물구덩 노랗게 물들인다

그 속을 참개구리

암팡지게 기지개 펴며

물방귀를 뀐다

논밭에선 농부들이 분주하게 움직인다

노인의 허리 굽은 삽질

아버지도 배밭에 거름을 뿌리고 있겠지

삶의 검붉은 때 배꽃처럼

환하게 꽃 피울 수 있을지

썩은 두엄더미 옆으로 개가 지난다

집으로 돌아가는 길

많은 꿈들 울음으로 메마른

그 못난 사내,

앞길 열어 보여주기도 하면서

산채만 한 슬픔이며 아픔

살포시 감싸안아주기도 하는 것이다

흐르는 강물에 봄을 붙잡다

봄은 남녘에서 제일 먼저 피어난다. 르네상스 이래로 유럽인에게 유행했던 "모든 빛은 동방으로부터, 모든 아름다움은 남방으로부터"라는 말은 지리적 관념 이상의 것이다. 그래서일까? 나 또한 한려수도의 출발지인 통영이나 뚝뚝 떨어지는 눈물 같은 동백꽃을 보러 선운사로 떠날까 했지만 시간이 여의치 않아 결국 금강錦江을 따라 흐르는 봄을 부여잡고 말았다.

고속도로를 빠져나와 옥천 구읍을 끼고 보은 가는 길을 달리자 이미 신록으로 머리를 감은 벚나무와 엊그제 내린 비에 씻긴 바깥 공기가 싱그럽다. 장계 유원지를 지나 안남으로 우회전하기 직전, 길 아래로 펼쳐진 대청호는 물이 말라 호수 바닥은 푸른 초원을 두르고 있었다. 물이 마른 호수 바닥을 보며 가뭄 걱정 보다 때마다 생명의 몸부림이 빚어낸 아름다움에 경이로울 뿐이다. 호수 바닥에 내려가 마티스H. Matisse의 그림처럼 알몸으로 춤을 추고,

마냥 달리고 싶은 충동이 자꾸 일었다.

안남으로 가는 길로 접어들자 굽은 길을 따라 산촌 풍경이 소박하게 놓여 있다. 산언저리 밭은 묵은 겨울의 흙덩이를 갈아엎고 이랑마다 혈색이 돈다. 면소재지가 있는 연주리에 들어서면 넓은 들판이 어머니 가슴처럼 안아준다. 더군다나 푸른 머리를 통째로 흔드는 보리밭은 가슴 깊숙한 곳까지 봄바람을 실감시켜준다.

유달리 짙고 푸른 이곳 보리밭은 관광객들로 북적이는 보리밭이 아니라 혼자만 차지할 수 있다는 장점이 있다. 두렁을 따라 보리밭으로 내려가자 연초록의 보리가 막 패고 있었다. 바람에 넘어졌다 일어서기를 반복하는 보리밭은 관능적이다. 화가 이숙자李淑子의 「이브의 보리밭」 시리즈에 나오는 푸른 보리밭에 누운 나부裸婦를 만날 것 같은 환상이 들만큼 짙푸르다.

마을 뒷산인 둔주봉 정상에 올랐다. 이른바 한반도 지형을 사진에 담을 수 있다는 곳. 황토 산길로 잘 다듬어진 1Km 남짓한 길은 호젓하다. 정상아래 정자가 있는데 맞은편에 남에서 북으로 거꾸로 흐르는 금강 물줄기가 한반도 모양이 좌우로 반전된 형국의 땅을 빚어내고 있다. 더욱 인상적인 것은 한반도의 북녘, 만주 벌판까지 거침없이 내달리는 산맥의 풍경이다. 비온 다음 날이라 깨끗한 하늘에 가끔 떠가는 구름만이 하늘 아래 풍경임을 확인시켜 준다.

마을로 내려와 안남식당 문을 열었다. 산에 오르기 전, 식당 앞 구판장에서 음료수를 살 때 아주머니가 진짜 이 동네 올갱이를 잡아 국밥을 끓인다고 귀띔을 해주었다. 법 없이도 살 것 같은 푸근한 인상의 주인장 부부와 성격 좋은 식당 아주머니의 입심만큼 음식은 푸지고 정겹다. 20년 넘게 한자리에 남아 있을 땐 이유가 다 있다. 올갱이 수제비를 먹었는데 올갱이가 크고 살이 탱탱한 것이 지금껏 먹어본 것 가운데 최고였다. 수제비를 건져 먹고는 밥을 말아 국물까지 말끔하게 비웠다. 국밥도 제 맛이었다. 차림표에는 짜장면에서부터 술자리 음식까지 가득했는데 시골이라 새참으로 중국음식 배달도 많다고 했다. 내 옆자리의 아주머니와 아저씨도 자장면을 들고 계셨다. 사는 곳에 따라 별미도 다른 모양이다.

안남에서 강을 거슬러 금강 유원지로 가는 길이 있다. 얼마쯤 달리다 보면 아스팔트는 옷을 벗고 맨살의 비포장도로가 된다. 곰보처럼 패인 길은 자동차와 나를 흔들어 깨운다. 밋밋한 일상에 빗방울이 살에 닿는 촉감을 되살린다. 강을 따라 가다보면 군데군데 여울에 발목을 담그고 싶은 마음이 굴뚝같다. 가을에는 금강 위에 비친 산자락의 붉은 단풍이 흘렀는데 지금은 온통 신록의 기운이 재잘거리며 물 속에 조약돌이 구르는 소리가 강물만큼 맑다.

제법 달리다 룸미러를 보면 자동차가 내달린 유일한 흔적이었던 먼지가 더 이상 일지 않을 것이다. 말끔한 도로 오른편 강변에 제법 돈을 들인 집들이 간혹 보이기 시작하면 경부고속도로 금강유원지에 이르는 커다란 교각이 강물에 박혀 있다. 시간 가는 줄 모른 채 낚시를 즐기는 이들의 차들도 주인 덕에 낮잠을 잔다. 교각과 교각은 거대한 액자가 되어 심도 깊은 그림 하나를 걸어 둔다.

길옆에 민박집이 하나 있는데 그 옆에 산 위로 가파르게 난 길이 하나 있다. 빨리 지나치면 못 볼 길이다. 하늘로 오를 듯한 길을 끝까지 가면 아슬아슬하게 금강을 내려보는 산 위 양지바른 마을 청성면 고당리에 이른다. 본디 '높은 벼루' 라는 이름을 가진 이 마을은 고속도로 다리보다 한참 위에 있고 강줄기와 산줄기가 구불구불 흐르는 풍광도 발아래 있다. 십여 가구 남짓한 마을은 본디 여양 진씨驪陽 陳氏 후손들이 터를 잡았다고 한다. 겨울이면 마을로 들어오는 길이 만만치 않을 것 같았는데 워낙에 볕이 좋고 바람이 보기보다 센 곳이 아니라 그리 어렵지는 않다고 했다. 내가 이곳에 처음 온 것은 이십여 년 전, 젊은 날 금강유원지로 놀러 와서 친구들과 무작정 강을 따라 걷다가 이르렀다. 근 20여 년을 묵혀두었다가 가끔 바람을 쏘이고 싶은 날이며 한 번씩 이 마을에 올라 발아래 산하를 본다.

강을 건너 동이면에 이르면 고속도로를 쉴 새 없이 지나는 자동차의 행렬을 잠시 멈추게 하는 금강유원지가 모래톱처럼 반짝거린다. 그러고 보면 객기 가득한 스무 살 시절, 허리춤에 쓸데없이 똥폼만 혁대처럼 차고 다녔던 시절, 꼭 부랑아처럼 떼를 지어 다녔던 친구들과 천렵을 즐기며 밤새 소주잔을 돌린 곳도 이곳이 아닌가. 그때와 달리 하늘처럼 높은 교각들 위로 지나는 비대한 고속도로가 강물을 짓누르는 모습에 조금은 허탈한 게 사실이다.

돋아나는 봄기운은 겨우내 얼어붙은 가슴속 나뭇가지를 '황금 가지' 로 만든다. 그래서 봄은 신화의 계절이며 사랑의 계절이다. 봄 춘春자를 빌려 만들어진 글자의 농염함이 그렇지 않은가. 봄은 원초적인 감정의 분류奔流가 되기도 한다. "아름다움이 남방으로부터 온다"는 말을 육체에 입히면 그것은 너무 야한 이야기일까? 머리채 흔들리는 보리밭의 정념이 솟아오르는 봄날을 가두어 버리는 일은 불행한 일이다. 그것은 마침내 제 몸을 둑으로 여기다 터져 홍물스런 죽음의 잔흔으로 남을 것이기 때문이다. 그래서 나도 강물 위로 흐르는 계절의 여왕을 붙잡으러 강을 따라 흐른 것이다.

마르지 않을 강물, 섬진강

가문 섬진강을 따라가며 보라
퍼가도 퍼가도 전라도 실핏줄 같은
개울물들이 끊기지 않고 모여 흐르며
…
저무는 섬진강을 따라가며 보라
어디 몇몇 애비 없는 후레자식들이
퍼간다고 마를 강물인가를.

김용택金龍澤의 시집 『섬진강』을 내가 처음 읽은 것은 대학 1학년 때였다. 초판이 1985년 창비創批에서 나왔고 내가 그 시집을 산 것은 재판이 나온 1988년 4월 중순이었다. 꼭 이맘 때였다. 목련이 후두둑 떨어지고 벚꽃이 눈처럼 쌓인 봄날, 나는 푸르디푸른 강물에 멱을 감는 기분이었다. 그때만 해도

열차 여행을 즐겼던 때라 서대전역에서 열차를 타고 전라선을 따라 흘러가며 시인의 꿈을 꾸었던 기억이 아직 생생하다. 그렇게 이십여 년이 흐른 올봄, 나는 처음으로 섬진강 시인의 노래가 샘솟았던 강물의 머리맡에 여전히 누워있는 마을에 발을 디뎠다.

태인 들판에서 옥정호를 따라 임실, 순창 이정표를 따라 달려가다 맨 먼저 마주한 것은 태인 천주교회당이었다. 휙 지나치면 볼 수 없는 평범한 교회당은 흔히 보는 시골 슬레이트 창고처럼 볼품없다. 그러나 허름한 성당 문을 열면 아기 예수의 구유처럼 허름하지만, 삶의 노곤함을 놓아두고 싶은 진실한 기운이 숨 쉬고 있다. 작은 교회당에 잠시 앉아있자 내게 들린 목소리는 '사람의 몸으로 태어나셔서Et incarnatus est' 라는 모차르트W.A.Mozart의 미사곡C단조K.427 가운데 가장 감동적인 음악이다. 아내 콘스탄체의 병이 낫기를 기도했던 모차르트의 마음이다. 교회당은 다가설 수 없는 두려운 고딕의 숭고함이 아니었다. 아기가 되어 세상에 오신 '당신' 의 모습은 '인간' 이었고 낮은 곳으로 오신다던 말씀의 뜻을 오롯이 담아낸 교회당. 특히 신부님이 출입하시는 문은 연화문양의 절간 문을 들고 온듯해 미소를 머금게 한다.

섬진강 물길 따라 흐르는 신앙은 제도와 권력으로 바라지 않은 교회의 처음 모습을 간직하고 있다. 옥정호를 휘돌아 이미 바람에 날리는 벚꽃 길을 뒤로하고 덕치면에 이르러서도 이 점은 마찬가지였다. 덕치 초등학교 앞, 안식일교회는 성냥갑만 한 크기로 길 아래 흐르는 강물과 건넛마을을 물끄러미 쳐다보고 있었다. 붉은 벽돌의 교회 안은 몇 평 되지 않았고 긴 의자 네 개와 찬송가 가사가 적힌 궤도가 전부였다. 출입문은 노끈에 녹슨 못을 꽂아두는 게 전부인 가난한 교회였다. 그러나 제멋대로 핀 제비꽃과 민들레가 예배당 단장의 전부인 교회는 나를 무릎 꿇게 하였다.

붉은 벽돌의 교회 안은 몇 평 되지 않았고 긴 의자 네 개와 찬송가 가사가 적힌 궤도가 전부였다. 출입문은 노끈에 녹슨 못을 꽂아두는 게 전부인 가난한 교회였다.

예배당 뒤에는 한 아름이 넘는 벚나무가 적당한 사이를 두고 꽃을 잔뜩 이고 울타리를 이룬 학교가 있었다. 강마을 전체가 내려다뵈는 학교에 오르자 나는 놀라지 않을 수 없었다. 꿈 같은 학교가 바로 눈앞에 예쁜 옷을 입고 웃고 있었다. 만개한 벚꽃이 둘러싼 운동장은 초록의 천연잔디가 솜이불처럼 깔렸고 몇 명 안 되는 아이들은 야구놀이를 하고 있었다. 꽃이 핀 화단 가에는 머슴아이를 가리키며 깔깔대는 소녀들이 마침 앞을 걸어가는 파란 눈의 영어 선생님에게 장난스러운 영어를 건넸다. 마을 할머니 몇 분은 나무 그늘에서 손주 같은 아이들을 보며 마냥 웃고 계시는 학교였다. 순간 도시의 아파트 숲에서 모든 걸 숫자로만 만나는 우리의 아이들에게 공염불을 외는 내 모습이 얼마나 못나 보이는지. 애벌레의 바벨탑에서 맨 꼭대기를 차지하려 한 어리석은 애벌레는 나의 모습이었다. 나비가 되어 훨훨 날아다니는 '작은 학교의 큰 교육' 은 과밀한 도시를 벗어나는 결단을 하기 전에는 결코 느낄 수 없는 것이란 사실이 잘난 머리를 내리찍는다. 전쟁의 도시에서 빼앗긴 세상의 참 평화가 숨 쉬는 교회당과 학교 풍경은 이번 여행의 가장 아름다운 풍경이었다.

『남부군』의 땅 회문산 자락을 끼고 덕치면을 지나자 이정표는 순창이 곁에 있다고 귀띔해 주었다. 임실 땅이 예부터 첩첩 산이라 몇몇 마을은 임실보다 전주, 남원, 순창 땅 밟기가 더 쉽다는 말도 이제야 알 만하다. 순창 적성면과

동계면을 가르며 흐르는 섬진강을 거슬러가자 정면에 우람한 산봉우리가 허연 늑골 같은 암벽을 드러낸 채 당당하게 서 있다. 강가로는 푸른 기운이 완연했다. 아무도 다니지 않는 포장도로에 서서 강물을 따라 걸었다. 이따금 날아가는 새가 가슴 한복판을 가르고 그 틈에 나는 찌든 도시의 먼지를 털어낸다. 산을 넘지 못하는 강물은 휘돌고, 물 속에 머리를 내밀고 가슴을 드러낸 알몸의 바위들이 마른 옷을 걸치고 있었다.

마을이 사라지고 또 한참을 가자 또 마을이 있었다. 차 앞에 하얀 트럭 한 대와 마주쳤는데 고추밭에 쓸 비료부대를 내리고 있었다. 차에서 내려 말을 걸고 옆구리에 부대를 끼고 마당으로 나르는 일을 거들었다. 내외의 모습은 숨길 것도 없는 삶이었다. 부엌 앞 수돗가에 장판을 씌운 곳이 주방이었다. 툇마루에 걸터앉아 아주머니가 내온 매실 원액이 물을 타도 진한 탓에 혀가 떨렸다. 툇마루에 앉아보니 맞은편이 바로 구담마을이었다. 섬진강 여울 하나를 두고 이곳은 순창 땅이고 건너는 임실 땅이다. 늘 그렇지만 인위로 가른 것은 아무 소용이 없고 마주한 이들은 서로 안부를 묻는다. 마을 주변 둔덕으로까지 가득했을 매화꽃이 진 다음이지만 하얀빛과 은은한 향기는 여전히 여기저기서 묻어 나왔다.

강을 건너자 경운기에 실린 커다란 팥죽색 고무통에 물을 채우는 부부가 있었다. 기다리며 말을 걸었는데 밭에 약을 쳐야 한다고. 약 안 치고는 힘이

달려 농사를 지을 수 없다는 말이나 경운기 고장 나면 어쩌느냐는 쓸데없는 질문에 돈 주면 산골이라도 다 와서 고쳐준다는 말은 자칫 관념의 땅을 그리기 쉬운 나 같은 놈에게 죽비처럼 생각을 후려친다. 구담마을 아래로 마를 줄 모르고 흐르는 섬진강이 서녘으로 흘러가고 있었다. 강진면 소재지로 가는 강변엔 전선에 매달려 작업을 하는 이들이 보였다. 사람 구경이 드문 이곳에도 이름도 모를 한 사람을 위해 땀 흘리는 손길이 있음을 배운다. 창밖으로 손을 내밀며 고함을 질러 보았다. 사람이 꽃보다 아름답다고.

임실읍을 지나 전주 쪽으로 가는 길은 다시 큰길이었다. 과속감시 카메라를 의식하며 내달리는 자동차들이 다시 등장했다. 강물은 등 뒤로 멀어지고 검은 아스팔트 도로가 가슴 사이 흐르는 강물을 퍼 갈려고 하지만 내겐 마르지 않을 강물, 섬진강이 있고 시가 있어 아무런 힘도 미치지 못하는 길일 뿐이다.

고갯마루에서

옥천을 지나면서 길섶은 온통 포도밭이다. 한여름 땡볕에 익어가는 포도처럼 금강을 따라 흐르는 국도는 남쪽으로 향할수록 산촌의 정취가 달곰하다. 영동 전에 '옥계 폭포'라 써놓은 안내판을 따라 산 속으로 들어가면 병풍 같은 암반을 가르며 30미터 높이로 물줄기가 시원스레 떨어진다. 시인 묵객의 발길이 멈추었을 폭포는 말 그대로 '청산리 벽계수靑山裏碧溪水'이다. 다만 군에서 관광객을 위해 만들어놓은 대리석 무지개다리는 자연스러움과는 거리가 있어 씁쓸함을 더한다. 곶감과 표고로 유명한 영동을 지나 조금을 더 달리면 왼쪽으로 노근리 쌍굴 다리가 아픈 기억의 상처를 그대로 드러낸 채 서 있다. 총탄에 패인 콘크리트의 상흔이 여름비에 젖어 선명하다. 나지막한 고개를 넘자 황간면이 눈앞에 보인다.

백화산 자락을 끼고 반야사 계곡으로 가는 길, 빗방울이 내 눈을 똑바로 응

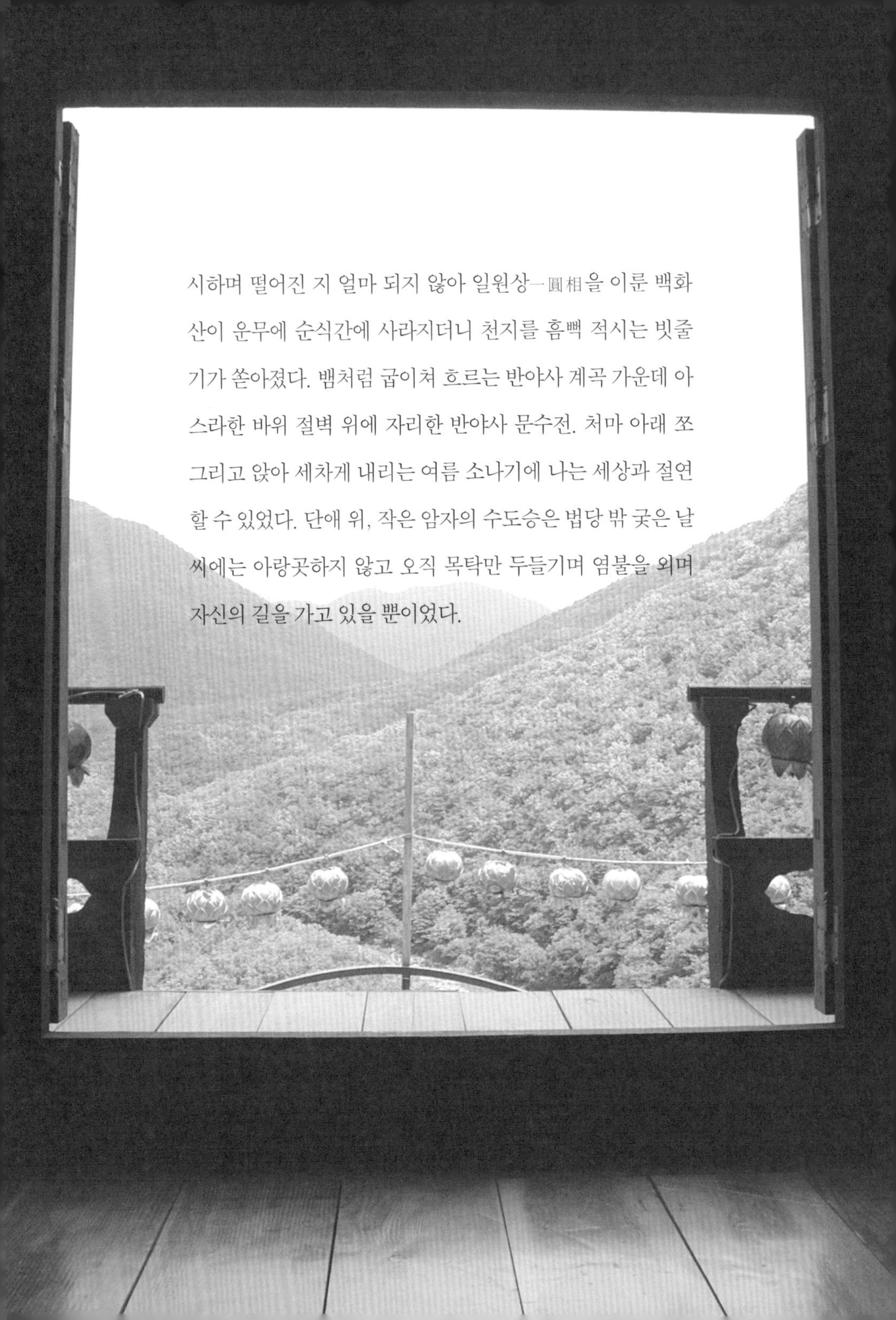

시하며 떨어진 지 얼마 되지 않아 일원상一圓相을 이룬 백화산이 운무에 순식간에 사라지더니 천지를 흠뻑 적시는 빗줄기가 쏟아졌다. 뱀처럼 굽이쳐 흐르는 반야사 계곡 가운데 아스라한 바위 절벽 위에 자리한 반야사 문수전. 처마 아래 쪼그리고 앉아 세차게 내리는 여름 소나기에 나는 세상과 절연할 수 있었다. 단애 위, 작은 암자의 수도승은 법당 밖 궂은 날씨에는 아랑곳하지 않고 오직 목탁만 두들기며 염불을 외며 자신의 길을 가고 있을 뿐이었다.

길을 함께 한 벗은 담배 한 대를 물고 먼 곳을 바라보며 마음 깊은 회한을 뱉어내는 모양이다. 한참이 지나도 비는 그치지 않아 망설임 끝에 그냥 비를 맞으며 산을 내려가기로 했다. 굵은 장맛비가 머리를 때리자 오히려 온갖 잡념의 똬리가 풀리면서 머리는 더없이 시원했다. 하늘은 먹구름을 둘러 어둑하고 떡갈나무 잎들도 장대비에 파닥거리는 산길에 나를 멈추게 한 것이 있었다. 두꺼비 한 마리가 금빛 눈망울을 보이며 비를 피하려는 사람의 급한 마음을 붙잡은 것이다. 아, 어린 시절 고향 장터에서 약한다고 말린 두꺼비 보고 이렇게 훤한 생김새는 처음 마주한다. 필시 좋은 일이 있을 조짐이라 기뻐하며 두꺼비가 길을 내줄 때까지 기다리다 반야사 대웅전 뒤로 내려왔다. 차에 오르자 언제 그랬냐 싶을 정도로 하늘은 개여 있었다. 비를 맞고도 너무 기분이 좋아 벗과 더불어 나는 이를 드러내고 웃었다.

요새 절이 다들 그렇듯이 반야사도 가람의 여운은 없는 절이다. 생뚱맞게 서 있는 일주문부터 콘크리트 요사채까지 밉상이긴 하지만 문수전 하나로 섭섭함은 모두 사라진다. 정상에 오르지 않고도 천하를 조망할 수 있는 자리가 '지혜의 자리' 라고 한다면 문수전이 바로 그런 곳이다. 황간 인터체인지에서 20분 정도 차를 타고 계곡을 거슬러 오면 첩첩산중은 빠름을 지상至上으로 여기는 생각을 여과해주어 마침내 '본래면목本來面目' 과 마주하게 한다.

반야사를 나오다 보면 좌측으로 병풍 같은 바위산 자락으로 한바탕 내린 비에 없었던 폭포가 흐르고 있는데 정면으로 우뚝 솟은 봉우리 하나가 눈에 들어온다. 달도 머물다 간다는 한천 팔경의 제 1경 월유봉이다. 강줄기가 푸른빛을 머금고 회오리를 그리며 돌아 나가는 바위 자락 위에는 한가롭게 놓인 정자가 발길을 붙잡는다. 그림 같은 풍광을 내려다보며 얼큰한 매운탕에 술을 따르고 싶은 곳이기도 하다. 징검다리 건너 백사장이 펼쳐져 있는데 키 큰 미루나무를 보고 친구는 중학교 시절 기차를 타고 이곳으로 캠핑을 왔던 추억을 잃어버린지 25년 만에 되찾았다.

추억은 황간역 앞 삼거리에도 있었다. 30년을 하루같이 올갱이 국밥이 끓어오르면 수제비를 떼어낸 동해식당이 바로 그곳이다. 머리가 닿을 듯 낮은 지붕, 주저앉은 기와 그대로였다. 예전만큼 역에 사람이 붐비지 않지만 굵은 손마디의 아저씨 몇몇이 근대 줄거리를 건져 먹고 있었다. 비에 젖은 몸을 한 그릇 국밥과 주인아주머니와 나눈 훈훈한 이야기로 데운 다음, 물한리가 있는 상촌면으로 발걸음을 재촉했다.

추풍령 고개 앞의 길목 황간과 달리 충북, 경북, 전북 삼도의 경계를 이루는 민주지산 삼도봉 아래 영동군 상촌면이 있다. 최근에는 물한리 계곡으로 이름이 제법 알려진 곳이지만 그것도 여름 한 철 뿐이다. 나도 육, 칠년 만에 이곳에 온 것 같다. 면소재지 임산리는 마침 오일장이 서 있었다. 장터라는 간판 아래 포장을 치고 한여름 땡볕에 전을 펼친 이들은 몇몇 되지 않고 그나마 몇은 코를 골며 잠을 자는 게 전부였다. TV문학관 시절에나 볼 수 있었던, 『메밀꽃 필 무렵』의 한 구절이 떠오르는 풍경은 농협 앞 서울약국도 다를 바 없다.

나또한 방방곡곡을 떠돌며 보낸 한 시절이 있었기에 쇠락한 장터를 보며 막연한 향수에 빠지지는 않는다. 뙤약볕 아래 '보이지 않는 그늘'의 먹먹함이 있기 때문이다. 마침 속옷 장수에게 아저씨 빤쓰를 사는 아주머니가 무료한 장터의 적막을 깨트린다. "대짜 3장만 줘요. 이 놈 면이여?"라는 짧은 한마디는 정확한 수치와 섬유의 조성이 어떤지를 따지며 사는 대형 마트의 소비 패턴과 사뭇 다르다. 흥정과 에누리가 있는 임산 장터는 살아있는 화석과 다를 바 없다.

임산리를 벗어나자 예전에 없던 고속철도 철길이 개울 위로 빠르게 지나고 있었고 높이를 알 수 없는 송전탑이 산을 넘고 있었다. 무주로 넘어가는 길은 상촌면 고자리와 용화면 조동리를 이어주는 도마령을 올라서야 갈 수 있다.

과거에는 고자리까지만 포장이 되어 있었는데 각호봉을 치달아 오르는 비포장 고갯길도 아스팔트에 그 기억이 묻혀버렸다.

해발 800미터가 넘는 고갯마루에 서자 바람이 구불구불한 고갯길을 무시하고 단숨에 소백산맥을 한달음에 내달려 가슴을 뚫어버린다. 자그마한 마을은 숨고 수묵의 농담濃淡처럼 산자락이 중첩되어 이만큼 살아온 인생마냥 펼쳐진 광경이 자못 숙연함마저 불러일으킨다. 고개 반대편으로는 덕유산 자락이 끝 모르게 펼쳐져 있다. 고갯길은 지나온 길을 돌아보게 한다. 그것은 자신에 대한 '돌아봄'이다. 돌아보지 않고 줄곧 내달리는 길은 자신이 선택한 길에 매몰된다. 선택은 포기의 또 다른 얼굴이다. 선택을 전부라 여기는 삶을 사는 우리네에게 구절양장의 고갯길은 지금까지 나의 선택은 무엇이고, 포기는 무엇이었는지를 묻게 만든다.

도마령 고갯길을 내려오면 민주지산 자연휴양림이 있는 용화면 조동마을이 있다. 마을 꼭대기 정류장에 버스가 손님을 기다리다 지쳐 졸고 있었다. 민주지산 자연휴양림이란 간판이 생겨 있었다. 길 옆 상회 앞에 무료한 표정으로 앉은 어르신들이 어쩌다 지나가는 내 차를 물끄러미 쳐다보고 있었다. 길은 졸졸 흐르다 산 아래로 내려갈수록 커지고 넓어지는 개울마냥 흐른다. 나는 팔월의 무성한 녹음 속에서 나와 짧은 인사도 없이 헤어져 회색빛 땅거미가 내려앉는 고속도로로 향한다. 박남준朴南濬의 시구처럼 "한 꽃이 진 자리 또 한 꽃이 피어난다."

길

길이 빛난다
밤마다 세상의 모든 길들이 불을 끄고 잠들지 않는 것은
길을 따라 떠나간 것들이 그 길을 따라
꼭 한번은 돌아오리라 믿고 있기 때문이다.

산은 물을 가르지 않고

산자분수령山自分水嶺이란 말이 있다. 산이 스스로 물을 가르는 고개가 된다는 뜻이다. 흔히 산은 물을 넘지 못하고 물은 산을 넘지 못한다고 풀이하는데 이 말은 1769년 여암 신경준旅菴 申景濬이 쓴 『산경표山經表』에서 말하는 산과 강을 하나의 세계로 이해하는 원리이다. 산줄기를 사이에 두고 서로 다른 내가 흐르고 강을 따라 나 있는 길 저편, 삼삼오오 모여 있는 마을이 풍경화처럼 펼쳐진 강원도 정선 땅에서 비로소 '산자분수령'이란 문구가 몸으로 이해된다.

동장군의 기세가 귓불을 잡아당기던 날도 강원도 정선으로 가는 발걸음을 붙잡지는 못했다. 얼마만의 강원도 심심산골로의 떠남인가. 멀기는 해도 영동고속도로를 타고 평창 진부로 빠져 정선 사북으로 운전대를 잡았다. 해가 뜨기도 전 출발한 탓에 출출한 배를 채우기로 했다. 진부에서 40년 간 식당을 해오고 있는 부일식당. 산채 백반이 넉넉하기 그지없다. 마당 가운데 방금 만들어 낸 두부가 모락모락 맛있게 피어나는 집이다. 메밀꽃 동동주가 밥보다 먼저 속을 채웠는데

어찌나 시원한지……. 진한 된장 맛도 일품이다. 식당 앞 개울가는 꽁꽁 얼어 붙어 있었는데 저런 도랑가에서 썰매를 지친 때가 언제였나 싶은 생각이 절로 든다.

고한역 앞에 여관을 잡아놓고는 동네 한 바퀴를 돌아 함백산에 올랐다. 해발 1333미터로 남한에서 가장 높은 곳에 도로가 나 있다는 만항재 고갯길을 따라 오르는 차도 힘이 달린다. 오를수록 흰 눈이 녹지 않고 그대로다. 차에서 내려 눈길을 걸어 정상에 오른다. 만항재부터는 주변에 걸리는 게 없는 탓에 나무는 땅에 바짝 붙어 있는 형국이고 나무 주변으로는 푸른 조릿대가 한설에도 아무렇지 않게 살고 있다. 천천히 40분 남짓 오르자 정상의 표지석이 보였다.

1572.9미터의 함백산 정상. 사방이 탁 트여 있고 백두에서 뻗어내려 남녘을 향해 지칠 줄 모르게 내달리는 백두대간의 장대한 맥동이 산 아래 세상에서 찌들었던 마음을 일거에 날려버린다. 말 그대로 백두대간의 중심에 서 있는 것이다. 이름 그대로 클 함咸 자에 흰 백白 이다. 그저 산에 오르기만 해도 호연지기란 네 글자가 가슴에 새겨지는 것은 산의 힘이 분명하다. 유장하게 흐르는 산줄기는 수 만 갈래로 뻗어있지만 분명 하나로 이어져 하늘과 땅이 만나는, 가늘게 눈 떠야 볼 수 있는 먼 곳으로 쉼 없이 가고 있는 산맥의 물결은 교향악적 울림이다.

고한 쪽으로 지장천이 흐르는 데 이곳은 천연기념물 73호인 열목어 서식지로 유명하다. 지장천 계곡에 자리한 정암사는 부처님 진신사리를 모신 까닭에 불상이 없는 절로 유명한 곳이다. 적멸보궁 뒤에는 수마노탑이 있는데 수마노라는 귀하디귀한 돌을 벽돌모양으로 잘라 만든 모전석탑으로 문화적 가치가 남다르다. 그러나 함백산의 장쾌함과 정암사의 깊은 신앙심도 산 아래 사북, 고한을 내려오면 딴 이야기가 되고 만다.

몇 해 전, 폐광지역의 경제를 살린다고 문을 연 카지노는 '산업' 이라는 옷을 입고 사북 거리를 바꾸어 놓았다. 거리에는 낡은 전당포가 아니라 낯선 원색의 전당사라는 간판이 눈이 나쁜 내가 알아볼 정도로 크게 내걸려 있다. 검은 드레스처럼 섹시하게 옷을 입은 모텔과 검은 차들이 거리를 점령하고 있었다. 고갯마루에 대규모로 지어진 카지노 주차장은 빈틈이 없었다. 입장권을 끊고 공항 검색보다 까다롭게 문을 지나 난생 처음 카지노란 곳을 구경했다.

할리우드 영화에서 보았던 라스베이거스를 떠올렸던 나였지만 이건 한마디로 시장 바닥이었다. 수천 명에 이르는 사람들이 걸어 다니기도 불편할 만큼 꽉 찬 게임장. 잭팟을 꿈꾸며 계속 기계 버튼을 누르며 앉아있는 사람들의 눈은 재미나 놀이라는 말이 사라지고 허황된 기대의 마약에 이미 중독되어 붉게 충혈되어 있었다. 블랙잭이나 바카라 게임장에는 몇 겹씩 사람들이 둘러싸 이른바 '병풍' 을 이루고 있었다. 멀쩡해 보이는 얼굴의 보통 사람들이, 평범한 아주머니들이 하나같이 생계형 게임으로 자리를 도맡고 있었다. 흡연실은 연기가 가득하고 로비 바깥에는 허망한 표정으로 담배를 연신 물고 배회하는 이들이 적지 않았다. 카지노 속의 사람들은 현실과는 상관없이 칩을 매만지며 일확천금의 늪에 빠져 있었다.

답답해서 더는 있을 수 없었다. 해는 이미 산 너머로 달아나 검은 산자락이 마을을 누르고 있었다. 여관방에서 술을 들이키며 철없던 시절의 무용담을 이야기하며 밤을 지새운다. 창 밖 고한역 맞은편 작은 마을에는 흉흉한 소문처럼 겨울눈이 얼어붙어 산득하다. 한때는 석탄만큼 넘쳐났던 돈이 말라버린 개울의 신세가 되고 앙상한 옛 광부주택마냥 회색빛 하늘에 카지노란 바람이 몰아쳐 산 좋고 물 좋아 사람살이까지 자랑이 되던 정선 땅은 어디 갔는지 알 수 없다. 내가 뿜는 담배 연기의 불규칙한 운동처럼 내가 살고 있는 세상은 얼마나 많은 표정을 담고 있는가. 무엇 하나로 꼬집어 낼 수 없는 복잡함은 도대체 무엇인가. 그리고 주사위 놀이처럼 우연에 기대고 있는 게 정말 인생이란 게임인가. 아무것도 알 수 없는 겨울밤은 왜 이리도 길고 추운 것인가.

아침이 밝자 황태 해장국으로 헐어있는 속을 달래고 영월로 발길을 돌렸다. 제일 먼저 봉래산 정상에 위치한 별마로 천문대로 향했다. 해발 799미터 정상에 위치한 이곳은 남으로 소백산 주능선이 하늘 금을 그리고 동강과 서강이 만나 남한강을 이루는 모습이 한눈에 들어온다. 맑은 날이라 패러글라이딩을 즐기는 사람들의 활공은 내게도 날고 싶은 마음을 부추긴다. 영월은 단종端宗의 한이 곳곳에 서려 있다. 읍내에는 단종이 승하한 관풍헌과 두견새처럼 그리운 마음을 달랬던 자규루를 비롯해 단종의 무덤인 장릉이 있다.

이 가운데 단종의 유배지인 청령포는 어린 임금의 눈물이 강물이 되어 흐르고 권력의 살기가 깎아지른 절벽에 둘러싸인 육지 속 섬이다. 한겨울 꽁꽁 얼어붙은 얼음을 깨고 작은 배 한 척으로 건너가는데 얼음 속 강물은 어찌 이리도 맑은가. 수백 년 노송 숲은 간데없는 인걸의 숨결이 파란 솔잎에 은은하게 묻어나온다. 특히 600년이 넘게 서 있는 두 그루의 소나무는 단종의 애사를 다 지켜보고 들었다 하여 관음송觀音松이라 불리는데 세월의 무게를 다하지 못하는지 기울어져 있다. 남쪽 절벽에 올라서면 시퍼런 서강이 한양 천리 길을 가로막아 흐른다.

솔숲을 지나 강으로 내려간다. 언 강물 위에 서 본 것이 얼마인가. 강변에서 돌을 주워 던지자 얼음을 타고 강물 전체로 퍼지는 소리가 강안까지 이른다. 물이 산을 넘지 못함을 그대로 목격하게 된다. 강물 위에 얼음을 자세히 보니 한 번에 언 것이 아니라 얼고 녹기를 몇 번 반복한 결정이 모자이크처럼 언 강의 풍경을 만들고 있다는 사실을 새삼 알게 되었다. 삶도 그러하다.

얼고 녹기를 반복하면서 조금씩 깊은 겨울로 굳어져가는 것을. 어찌 보면 그 어떤 역사 유적보다 강한 메시지를 전한 것은 언 강물의 풍경이었다. 더더구나 안타까운 것은 내가 살고 있는 도시와 이 나라의 산천도 점점 매운 겨울이 사라지고 있다는 사실이다. 그래서 저 큰 강이 얼 수 있다는 사실을 느껴보기 힘들다는 것. 물이 산을 넘지 못하듯 이 곳 강원도 정선, 영월도 쉽게 손이 타지 않았으면 하는 바람은 바람일 뿐이라는 점이다. '산자분수령' 을 비웃듯 청령포 노산대 맞은편 하늘을 가르고 지나는 높은 교각 위 도로와 터널을 보면 자연의 순리는 허물어지고 없다. 더 이상 아니 지금 이대로라도 그냥 놔두기만 하면 좋겠다.

돌아오는 길, 잠시 선돌에 들렀다. 상처 입은 산하의 파헤쳐진 가슴을 안고 흐르는 강물이 노을을 쫓아 흐르고 있었다. 나는 검은 그림자로 우두커니 서서 선돌 아래 천 길 낭떠러지에 헛헛한 가슴을 날려버렸다.

산경표 공부

이성부

물 흐르고 산 흐르고 사람 흘러
지금 어쩐지 새로 만나는 설레임 가득하구나
물이 낮은 데로만 흘러서
개울과 내와 강을 만들어 바다로 나가듯이
산은 높은 데로 흘러서
더 높은 산줄기를 만나 백두로 들어간다
물은 아래로 떨어지고
산은 위로 치솟는다
흘러가는 것들 그냥 아무 곳으로나 흐르는 것
아님을 내 비로소 알겠구나!
사람들 어디에서 와서
어디로들 흘러가는지
산에 올라 산줄기 물줄기
바라보면 잘 보인다
빈 손바닥에 앉은 슬픔 같은 것들
바람소리 솔바람소리 같은 것들
사라져버리는 것들 그저 보인다

한 줌 볕도 귀한 내륙의 섬

뜨거운 팔월의 한복판 일주일을 뭉텅 떼어내어 집을 떠났다. 동해 바다에서 해수욕을 즐기며 며칠을 묵고는 내륙으로 향한다. 바다에서 차로 삼십 여 분을 달리면 이내 깊은 산중의 후미진 길이 울창한 숲 사이로 이어진다. 내내 벼르기만 하고 한 번도 가지 못한 영양으로 가는 917번 지방도는 마주 달려오는 차를 보는 일조차 아주 드물다. 노란색 중앙선은 지워진지 오래고 길섶은 온통 칡넝쿨 차지다. 아주 가끔 인가와 부락 몇 곳이 치맛자락같이 펼쳐진 고추밭 너머에 적막하게 있을 뿐이다.

영양을 두고 "서리는 흔하고 볕은 귀한 곳"이라 부른 옛말이 그저 나온 말이 아님을 알 수 있는 것은 청송, 봉화, 영덕의 가장 높은 봉우리들이 둘러쳐 '내륙의 섬' 이라 할 만큼 외진 탓이다. 사방팔방 길을 내 국토를 조각조각 낸 요즘의 도로 형편에서도 타지 사람들이 쉽게 오기 어려운 게 현실이다. 산으

로 둘러싸인 영양은 그래서 산비탈 하나도 남기지 않고 고추재배로 유명하다. 영양고추가 소문난 까닭은 어쩌면 얼마 되지 않는 밭뙈기로 살아보려는 사람들의 마음이 다부지고 매운 탓인지도 모른다. 벌써 팔월 중순이라 홍고추 수매가 한창이다. 아들네 딸네에 보낼 것인지 마당 한쪽에 팔월의 태양보다 붉은 고추가 가득인 집도 있다.

군소재지 영양읍을 지나 일월면으로 한 십여 분을 가면 조지훈趙芝薰 시인의 문학관이 있는 주실마을이다. 학창 시절부터 조지훈의 시와 글을 누구보다 좋아했던 터라 시인의 고향땅을 밟고 싶었던 욕심이 늘 한편을 차지했다. 칙칙하지 않은 오로지 푸른빛을 간직한 침엽의 기개는 시대와의 불화도 감당했어야 했다. 조선의 선비 정암靜庵이 직언을 했듯 곡필을 허락하지 않았던 시인의 대쪽 같은 정신은 마을 앞에 솟은 문필봉의 기운을 대대로 받아 문향의 터를 잡았다는 사실을 깨닫게 해준다.

문학관에는 내게 친숙한 시집과 책들이 전시되어 있고 빛 바랜 흑백사진들 속에는 동시대의 예술가들이 시인과 나란히 서 있다. 특별히 시인의 육성을 들을 수 있었는데 병마에 짓눌렸지만 꺼질 수 없는 파토스가 내 가슴을 흔든다. 조지훈의 짧은 생도 아쉬움이 남지만 그의 맏형 조동진趙東振은 불과 스무 살의 나이에 요절한 시인이었다. 출중한 재기才氣를 허락받는 대신 육신의 소멸은 그만큼 앞당기는 것인지 묻게 된다. 문학관 뒤 산 아래 시비들이 산책로를 따라 고즈넉하게 울리고 있다. 시인의 동상은 두루마기를 입고 있었는데 분위기가 정지용에 가까워 좀 실망스럽다. 문학공원의 모양새도 조지훈의 시풍과는 다소 이질감이 있다. 그래서인지 주황빛 나리꽃마저 측은하다.

마을을 나오는데 좀 전에 길을 여쭈어봤던 할머니가 정류장에 우두커니 계시길래 읍내 가시냐고 했더니 그렇다는 대답에 차에 타시라고 했다. 버스를 놓치는 바람에 한 사십분을 그렇게 계신 거란다. 읍내 방앗간에 미숫가루를 빻으러 가시는 길이었다. 청송 진보에서 시집온 지가 벌서 한 갑자를 넘겼다는 말에 숱한 곡절이 길처럼 지나간다. 내리면서 아이들에게 아이스크림 사먹으라며 천 원을 주셨는데 정겨움과 함께 경우 바른 땅에 있음을 실감했다.

산골이니 산나물밥을 먹을 요량으로 지방 사람에게 물어보니 읍내 시장 초입에 있는 지붕 낮은 집 하나를 일러주었다. 경상식당이란 간판을 달고 있었다. 장정 하나 겨우 누울 만한 여러 개의 방에는 할머니가 손수 장만한 나물반찬이 구수한 된장과 보리밥으로 한상 차려나왔다. 넉넉한 밥상을 물리고 식당을 나서는데 주방 옆 살림방에는 할머니 다섯이 똑같이 파마를 했는지 머리에 보자기를 두른 채 상에 둘러앉았다. 슥슥 나물 비비는 소리와 시끄럽지 않은 경상도 내륙의 사투리가 만든 구수함은 내 입가에 미소를 짓게 했다.

영양의 자연풍광을 말하면 맨 먼저 말하는 곳이 바로 선바위와 남이포이

다. 영양읍에서 입암면으로 가는 길에 물줄기 두 갈래가 하나를 이루는 남이포에는 깎아지른 절벽이 붉은 병풍처럼 높직높직하다. 사시사철 푸른 물빛을 머금은 눈에 익은 사진만큼 물은 맑지 않았고 흐름도 더뎠다. 근처의 우사 탓인지 몰라도 탁한 물 위에 부유물이 얼룩처럼 떠 있었다. 마침 소나기가 한바탕 우두둑 지났는데 마음 같아서는 홍수가 날만큼 쏟아져 묵은 때를 확 씻어 버렸으면 좋을 것 같았다. 사람도 그렇고 자연도 그런 것이다. 고이고 막히면 썩고 캄캄해져 명을 다하는 것이다. 긴 시간을 두고 나아지는 일도 있지만 약간의 흉터가 남더라도 혼쭐날 만큼 뒤엎는 일이 있기도 해야 한다는 사실 말이다.

선바위에서 조금만 가면 한국 정자 문화를 대표하는 경정敬亭이 있다. 광해군 시절, 석문 정영방石門 鄭榮邦 선생이 입향하여 연못을 파 서석지라 이름하고 정자를 세워 인품을 수양하고 소요자적하던 곳이다. 정자 좌우에는 주일재와 운서헌을 두고 있다. '경정' 이라 쓴 현판 글씨는 진솔하며 덧붙임이 없는 서체다. 첫 글자 '경敬' 자에서 퇴계退溪 선생의 사상을 따르고 있음을 짐작할 수 있다.

연못에는 연꽃이 푸른빛을 더했고 작은 바위 하나하나에 지은 이름을 보면 석문 선생의 생각 한편에 풍수사상도 작지 않음을 알 수 있다. 이는 경정 주변의 산수를 바깥 정원으로 여기고 이름을 붙였고 자신이 거하는 이곳과 조화를 이룬 것만 보아도 충분하다. 정자 마루에 앉아 서석지를 바라보며 후손되시는 분에게 내력을 듣고 있는데 여름비가 또 오락가락했다. 연잎 위에 후두둑 떨어지는 빗방울 소리가 느린 리듬을 가진다는 것은 난생 처음 알게 되었다. 눈을 감자 빗방울의 독주에 선비의 감흥이 어우러진 하나의 산조가 그윽하게 울려 퍼지는 것이었다. 아마도 그 선율은 느릿하면서도 온화하고 평화로운 삶의 공명이었을 것이다.

이 밖에도 일제 강점기 한학 전통과 민족적 정서로 시를 썼던 오일도吳一島의 고향 감천마을은 반가의 꼿꼿함이 여전하고 소설가 이문열李文烈의 생가가 있는 석보면 두들마을 그리고 볕 한줌만 있어도 터를 잡고 지은 오랜 한옥이 한둘이 아니다. 일일이 들러 보고 싶었지만 하루해가 짧기만 했다.

입암면 소재지를 벗어나 임하호 수변을 보며 고개를 한참 내려가야 나오는 안동 가는 길을 힘겹게 달리며 드문 인가와 풀숲이 지붕까지 자란 빈 집들을 보며 생각해본다. 비탈진 삶의 터에 뼈를 묻게 된 사람들은 어쩌면 옛날이나 지금이나 비슷한 경우이다. 두터운 성벽의 도시에서 신념이나 종교, 사상의 비타협, 정치적 반대, 경제적 빈곤이 이유가 되어 자의반 타의반으로 내몰린 디아스포라Diaspora의 운명은 변경에서 다시 출발한다. 그리고 된비알의 운명은 뿌리를 내리고 제 나름 인간의 이야기를 지어낸다. 척박한 땅은 인간을 단련시키고 그들의 후예는 강한 생명력을 유전형질로 획득하게 되는 것이 인간의 역사이자 진화의 역사라는 사실을.

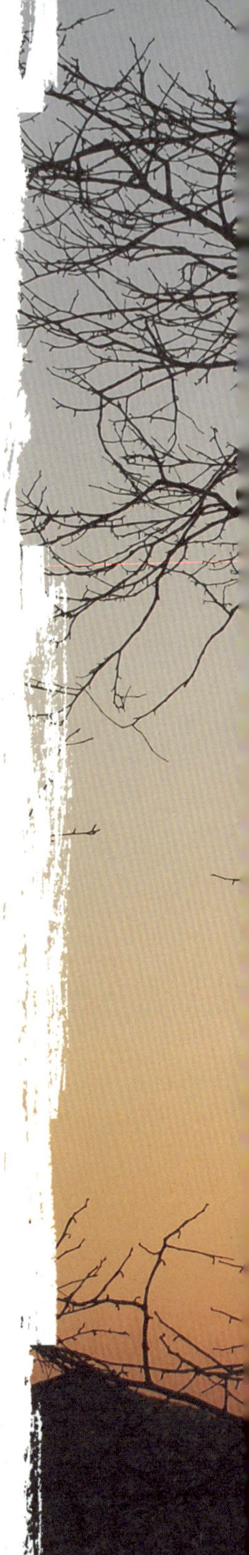

천산千山에
눈이 내린 줄을
창 열지 않곤
모를 건가.

……………

천산千山에
눈이 온 줄을
창 열지 않고도
나는 안다.

녹음이 푸른 산야를 뒤로 하니 조지훈의 「설조雪朝」라는 시의 첫머리와 끝머리가 울린다. 눈이 쌓여 이 길을 다시 오기가 쉽지 않을 때 홀로 다시 오고프다. 나도 "세한 연후에 송백의 푸름을 아는" '시인의 눈'을 얻어 세상을 꿰뚫어 보고 싶다.

소소하고 무덤덤한 풍경의 끌림

제천행 열차에 올랐다. 수년 전 겨울, 태백으로 가는 눈꽃열차를 탄 뒤 충북선을 타고 제천으로 가는 것은 참 오랜만이다. 같은 곳을 시간을 두고 다시 가는 것은 시간만큼의 퇴적과 침식이 또 다른 풍경을 만들어내기 때문이다. 무더운 여름날도 어느새 몇 번의 비에 씻겼는지 선선한 공기가 차창을 투명하게 만들어놓았다. 그리 대단한 객창 밖 경관은 아니지만 늘 오가는 일상의 울타리를 벗어난 자유로움이 눈앞의 풍경을 너그럽게 안아주는 탓에 더없이 편안하다. 충주를 지나 울고 넘는 박달재까지 철길은 한낮 속의 한밤 같은 깊은 터널 속에서 더 큰 소리를 일으키며 달리다 곧장 허연 거품을 일으키며 흐르는 강물을 가로지른 다리 위를 순식간에 지나가기를 몇 번이나 반복했다. 삼탄역 뒤로 철교 위에서 두 손을 들고 "나 돌아갈래!"를 외치던 영화 속 사내의 목소리가 은빛 레일 위에 반사되고 있는 듯했다.

제천역 광장은 마침 개최된 지역축제 탓에 특산물 판매장과 안내소 천막 차지였다. 가는 날이 장날이라고 역전 장날 탓에 도로 좌우에 펼쳐진 형형색색의 파라솔과 왁자한 난전 분위기가 들떠있다. 초입에 옛 물건을 파는 이가 있었는데 마침 엘피판이 있어 눈요기를 했다. 이미자李美子의 「동숙의 노래」 영화음악과 박춘석朴椿石의 히트곡 기타 연주집은 한 장 사고 싶은 욕심도 났지만 거두고 먹을거리가 가득한 시장 통으로 들어섰다. 강원도보다 더 강원도 사투리가 심한 제천답게 메밀묵, 메밀 배추부침개, 메밀전병으로 점심을 앞둔 텅 빈 뱃속을 채웠다.

시장 통 한복판에서 앉아 음식 먹어보기도 한참만이다. 내가 맛있게 먹으면 다른 이들도 덩달아 앉아 먹게 되니 복스럽게 먹는다는 게 어떤 말인지 알게 되는 법이다. 간단히 요기를 했지만 호떡 하나를 더 사먹고는 장터 안쪽에서 보퉁이 하나에 싸리버섯을 파는 할머니가 있어 만원을 꺼내 한 봉지 샀다. 싸리버섯 찌개는 내가 가을 입맛 가운데 으뜸으로 치는데 덤도 두둑하게 주셨으니 이보다 더 기분 좋은 일이 어디 있나. 영주로 가는 열차 시간이 다되어 장터를 빠져나오면서 김이 모락모락 나는 감자떡 이천 원어치를 샀는데 안 먹었으면 후회할 뻔했다. "못난 놈들은 서로 얼굴만 봐도 흥겹다"는 곳, 그곳이 장터이다.

제천역을 출발하자 7,80년대 최전성기를 누렸던 시멘트공장의 거대한 회색구조물들이 단양까지 여전히 건재함을 과시하고 있었다. 공장 뒤로 절개된 석회석 광산은 하늘과 맞닿은 곳까지 허연 속을 다 드러내고 있었다. 시멘트 회사의 이름이 적힌 회색화물차의 고향이 바로 이곳 제천, 단양이다. 도담삼봉을 보러 자리를 반대편으로 옮겨 앉았는데 새로 생긴 도로와 교량 탓에 봉우리만 삐죽 보였다. 신단양이 보이고 충주호가 한눈에 내려다보이는 단양역에 열차가 정차했다. 스무 살 시절, 충주호가 꽝꽝 얼어 유람선도 운행을 멈춘 한겨울날, 나와 친구들이 얼음호수 위를 하루 종일 아무 걱정 없이 뛰어다녔던 생각이 머리를 스치고 지나자 기차는 무덤덤하게 기억을 뒤로 하고 다시 떠난다.

제천행 열차에 올랐다. 수년 전 겨울, 태백으로 가는 눈꽃열차를 탄 뒤 충북선을 타고 제천으로 가는 것은 참 오랜만이다. 같은 곳을 시간을 두고 다시 가는 것은 시간만큼의 퇴적과 침식이 또 다른 풍경을 만들어내기 때문이다.

죽령을 넘자 왼쪽 뒤로는 소백산 기운이 쭉 뻗은 능선을 따라 사방에 흐르는 '십승지지十勝之地'의 첫 손으로 꼽히는 풍기다. 산자락은 온통 사과밭인데 붉은 사과가 말이 못하게 매달려 있다. 사과나무 밑에는 은빛 거울 같은 반사광을 내는 은박 비닐이 과수원 전체를 덮었는데 아마도 사과의 착색을 돕는 듯하다.

중앙선 철도의 중심, 영주역에 내리자 무엇보다 철암을 지나 강릉으로 가는 영동선 무궁화호의 열차시각표가 대합실 벽을 채우고 있었다. 철없던 시절 무작정 떠났던 겨울날의 무전여행이 떠올랐다. 영주는 시라고 하지만 오히려 인구가 과거보다 줄어 지금은 8만 명이 좀 넘는다. 부석사 무량수전과 소수서원 등 고적이 주변에 있지만 정작 시내는 아무것도 볼 것 없는 내륙도시다. 철도가 한창이던 시절의 영화가 그대로 시멘트처럼 굳어버린 도시는 이제는 행인의 발걸음도 없는 저층의 도시로 남아있다.

옛 영주역 자리인 기독병원 가까이 영광중학교 뒷동네는 관사골이라 부르는 곳이다. 60년대 영주지방철도청으로 개편되면서 전국화물수송량의 절반을 넘게 차지한 '철도 영주'의 시절이 그대로인 마을이다. 일제 강점기 40년대 영주에서 안동까지 철도가 나면서 '철도 영주'의 중요성 때문에 당시 역 뒤에 규격화된 일본식 단층 주택으로 관사를 세웠고 그 주변으로 마을이 형

철도가 한창이던 시절의 영화가 그대로
시멘트처럼 굳어버린 도시는 이제는
행인의 발걸음도 없는 저층의 도시로 남아있다.

성된 곳이다. 이후 관사는 개인에게 불하되어 현재에 이르렀는데 십여 채 정도가 옛 기억을 품고 남아있는데 그나마 사람이 아직 살고 있는 몇 채를 제외하고는 비어있거나 개보수로 옛 모습은 많이 퇴색되었다.

마을 꼭대기에 좁은 마당에 파라솔을 세워둔 집 앞에서 전경을 보고 있는데 정정한 어르신이 관사골 내력을 팔을 걷고 말씀해주셨다. 60여 년이 넘게 이 마을에 사신다는 일흔이 넘은 '아저씨' 는 왕년의 이야기부터 흉물스럽게 지붕이 내려앉아 풀만 가득한 이름 모를 기관사의 집 이야기까지 속 담배 연기처럼 뱉어내셨다. 근대 문화유산으로 보존될 가옥을 빼고는 재개발의 삽날을 피할 수 없는 모양인데 그나마 그것도 몇 년째 지지부진해서 가난한 주민들은 그 애기도 미덥지 않은 눈치였다.

관사골을 걸어 내려와 옛 영주역 근처로 오니 중앙시장 입구에 '역마정' 이란 정자나 기관차 그림이 그려진 다방 간판이 과거를 보여주는 유일한 볼품없는 유물이었다. 병원 맞은편 그러니까 옛 역 앞 동네 길을 걷다 우연히 '레코드' 란 간판 하나가 있어 들어갔다. 작은 음반 가게지만 삼십 년이 넘는 이력의 영주 시내에 유일한 음반점이란다. 이제는 절판된 약간의 레코드판과 클래식 테이프까지 마치 대학시절 음반점에 들러 판을 고르는 기분이었다. 마침 피에르 푸르니에P. Fournier와 빌헬름 켐프W. Kempff가 협연하는 그림이 그려진 베토벤L. van Beethoven 첼로소나타 전집이 있어 얼마나 기뺐는지 모른다. 먼지 쌓인 물건을 털어내며 찾고 있던 책이나 음반을 손에 쥐었을 때 미소를 머금는 즐거움이 인터넷에 빼앗긴 저간의 사정을 생각하면 구슬프기까지 하다.

역전 국밥집에서 간단히 저녁을 챙기고 영주에서 김천까지 이어지는 경북선 무궁화호를 타고 집으로 돌아가는 길. 영주에서 예천까지는 완행열차처럼 느릿느릿 갈 뿐이다. 단선에다 직선화되지 않은 옛 철길은 이젠 어디에서도 누릴 수 없는 느림의 편안함을 준다. 낙동강 굽이를 따라 돌아가자 흩어지는 고추잠자리 떼는 저녁노을과 함께 차창을 비낀다. 용궁면을 지나서 얼마쯤 열차와 나란히 달리는 트럭에 탄 아이들이 손을 흔들고 있었다. 나도 손을 흔들어주었다. 서로 보이지 않을 때까지 한참을 그렇게 손을 흔들었다. 철길 옆에서 하루 몇 번 지나가는 기차를 향해 달음질하던 소년들은 이제 기억 저편에서도 보기 힘든 풍경의 주인공인데 나는 그들과 마주했던 것이다. 예천 들판을 지나 점촌에 이르자 해는 산 너머로 떨어져 어둠이 내렸고 차창을 마주하자 내 얼굴이 거울처럼 비친다.

김천역에 이르자 아가씨들의 옷차림부터 도회의 향기가 묻어나고 대전으로 오는 기차 안은 주말의 분주함이 객실을 답답할 만큼 채우고 있었다. 눈에 확 뜨이는 강한 인상은 없어도 소소하고 무덤덤한 풍경의 끌림에 이끌린 하루가 그렇게 저물었다.

남도南道, 비에 젖은 철길로 달리다

장마전선이 가슴까지 북상하던 날 아침, 나는 그렇게 떠났다. 흑석리역을 지나자 호남선 철길의 풍경은 온통 구름에 덮인 회색빛 하늘이었고 지상은 물기를 머금은 짙푸른 초록의 땅이 창밖으로 연신 내달렸다. 어젯밤 폭우의 잔흔처럼 짙은 안개가 끝없는 들판 가운데 가끔 떠 있는 섬처럼 농부의 모습을 어른어른 감추고 있었다. 서열이 지배하는 도시에 갇혀있던 내 눈은 나도 모르게 비에 생기를 찾은 풀처럼 일어나고 있었다.

광주 송정역에서 나는 남쪽으로 내려가는 철지난 꽃처럼 색이 바랜 무궁화호로 갈아탔다. 경전선 철길 좌우의 산봉우리들은 온통 안개 뒤에 숨어 그 높이가 얼마인지도 모르게 무덤덤하게 엎드려있었다. 차창에 투명한 직선의 빗방울이 늘어갔고 열차는 뱀처럼 허리를 휘감으며 기적을 울렸다. 문득 순환열차가 생긴지 얼마 되지 않았던 시절, 어머니의 손을 잡고 있었던 나는 등에

업힌 동생의 울음을 들었던 내 기억의 처음을 다시 들추어냈다. 어둠 속으로 하얀 김이 열차의 큰 창을 가리며 피어올랐고 추위를 느낀 나를 꼭 잡고 있었던 어머니의 플랫폼. 너무 먼 곳의 풍경이 이리도 가깝게 다가오긴 처음이다.

보성역 앞 골목에 있는 작은 식당, 지역구 국회의원의 둥근 시계가 걸린, 수영복을 입은 여자가 야시시 웃고 있는 맥주회사 달력 아래 밥상에서 허기진 배를 채웠다. 뜨끈한 숭늉이 헐어 있었던 속을 한 번 더 데워주었다. 페인트가 다 벗겨진 차부에서 일생을 물마를 날 없이 살아온 내 어깨에도 못 미치는 다 쪼그라든 할마시들과 얘기를 나누다보니 이래저래 낡은 군내버스가 왔다. 얼마를 달렸을까 버스는 나를 켜켜이 푸른 차밭에 내려주고는 다시 제 갈 길을 갔다.

차밭 초입의 하늘을 가린 삼나무가 내리는 빗방울을 막아주었다. 숲은 너무도 깊어 초록 위에 검은 그림자를 베일처럼 덮고 있었다. 차밭은 등고선처럼 일정하게 안개에 가린 산 위로 계속 올라가고 있었다. 나도 똬리를 튼 차밭 위로 오르는 안개마냥 흠뻑 젖은채 올랐다. 분명 바다가 보인다는 정상엔 하얗게 숨어버린 하늘과 바다의 비밀스런 관계만 떠올릴 뿐이었다. 물에 젖은 아름드리 편백나무들은 붉은 수피와 몇 겹의 이끼가 만든 묘한 향기로 전신을 덮었고 나는 정신을 차리지 못하고 헤매는 몽유병자가 된 듯했다.

비가 그치고 차밭 너머 율포 앞바다에 이르렀다. 득량만 너머 고흥반도와 섬들은 누가 누구인지 모르게 중첩되어 물 빠진 회색 바다 너머에 아련히 떠 있었다. 퇴락한 포구의 횟집 앞 솔밭에서 노파는 빨간 감자를 먹고 가라고 했고 결국 앉아서 맥주 한 병을 시켜 고마움을 대신했다. 득량만을 끼고 해안을 따라 올라갔다. 갯벌엔 온통 낙지 통발이 놓여 있는데 물이 차 있던 바다엔 깃대처럼 대나무들이 대형을 유지하며 썰물에 도망가는 바다 것들을 놓치지 않을 기세로 촘촘히 박혀 있었다. 바다로 향한 땅의 끝자락은 나마저도 광합성을 해야 할 만큼 초록 물결이었고 반대로 하늘과 바다는 둘이 하나였다는 듯 회백색이었다.

저녁나절이다. 말로만 들었던 벌교. 역 앞 시내와 달리 벌교천 건너 동리는 너무 조용하다. 길가에 기와집 추녀 끝 모양새가 예사롭지 않다. 낮은 담장 너머 길가에 손을 벌린 무화과가 있어 열매를 하나 땄는데 아직 익지 않아 먹지도 못하고 정액처럼 끈끈한 진액이 손바닥에 붙어 어쩔 줄 몰라 했다. 섣부른 짓을 한 소년처럼 내빼고 싶어 뛰다보니 짙은 갈색의 강가에 갈대가 무성한 벌교천 저쪽에 횡갯다리虹橋가 보였다.

다리 주변엔 장어를 낚는 남자들이 있었고 그들을 구경하는 할

일없는 또 다른 남자들. 저쪽 편엔 부채질을 하며 쑥덕거리는 나이 먹은 여자들이 있었다. 물에 비친 무지개 모양의 다리 아래는 동네 사람이 키우는 오리들이 꽥꽥거리며 주둥이를 놀렸다. 사진기를 들고 횡갯다리를 찍는데 풋내나는 여중생들이 포즈를 취해 맞장구를 쳐가며 찍었다. 정작 동네사람들은 별의미를 못 느끼는 다리 하나를 구경하러 오는 외지인에게 보이는 얼마간의 낯선 눈빛이 저녁연기에도 감추지 못하고 끔벅거리고 있었다. 소설『태백산맥』의 지은이 조정래趙廷來 선생과 함께 찍은 사진을 내건 식당에서 벌교꼬막 정식에 녹차주를 반주로 먹었다. 꼬막도 꼬막이지만 혀끝을 자극한 남도김치와 양태찜에 뱃속이 호사를 누렸다.

어둑한 순천역 앞, 종일 지친 다리를 쉴만한 곳을 찾았다. 간간히 들리는 열차 소리를 들으며 어디로 가고 오는 기차인지 상상하다 보면 쉽게 잠들 수 없다. 여로에 지친 몸을 뉘였지만 알 수 없는 꿈에 밤새 뒤척였다. 아침에 눈을 뜨고 역 앞에 있는 아랫장에 가서 국밥 한 그릇을 먹고는 근 십여 년 만에 다시 여수 향일암向日庵으로 향했다.

지난해 말 안타까운 화재로 전소된 향일암은 어지간히 복원되어 있었다. 금오산 자락이 바다에 빠지기 직전, 벼랑진 자리에 원효元曉는 하늘과 바다의 일심一心을 보았던 것일까? 바다 위 남해 보리암과 최남단의 무인도 세존도世尊島 그리고 여수 향일암을 이은 삼각형의 중심에 용궁이 있는데 하늘 위

로 견우성牽牛星과 직녀성織女星 그리고 백조성白鳥星을 이은 삼각형이 섬과 일치하는 음력 칠월에 단 한번 용궁이 열린다는 전설이 있다. 해가 뜨는 줄 모르고 놀다가 그만 용궁 문이 닫혀 딱딱한 바위로 굳은 금빛 바다거북金鰲의

사연이 바다 깊숙히 들렸다. 이끼가 머금었던 물방울이 떨어져 촉촉한 돌계단은 바위 틈새로 들어오는 한 점의 빛을 오롯하게 받아 빛나고 있었다. 가파른 계단을 올라 땀이 맺힌 전생의 시간이 흘러 하늘을 덮은 동백나무 숲 그늘이 한숨을 돌리게 해 모든 걸 잊고 다시 태어난 해탈의 자리가 향일암이다. 해탈은 어쩌면 가장 큰 망각의 불교적 표현이다. 그저 텅 빈 바다 너머의 세상을 바라보는 일 이외에는 아무것도 생각나지 않는 자리, 그 곳이 반야般若의 자리이며 향일암은 우리나라에 몇 안 되는 그런 곳이다.

돌산 갓처럼 싱싱한 푸름이 열어젖힌 차창으로 입을 다물지 못하게 들어온다. 길섶에는 나리꽃이 먼저 여름을 주황빛으로 터뜨리고 있었다. 얼마 지나지 않아 몰려들 백사장도 단장을 하는 것 같다. 배들이 물을 가르고 여수항을 뒤로 하자 장군도, 오동도 숲의 나무들이 미풍에 손을 흔들고 있었다. 시내를 빠져나와 새로 지은 여수역 부근은 여수박람회 준비로 땅바닥이 다 벗겨져 붉은 상처가 군데군데 나있었다. 바다 쪽은 아직 안개가 여전했지만 육지 쪽으로는 허연 구름의 옷을 벗는 하늘이 제 얼굴을 찾고 있었다. 여수역을 출발해 용산역까지 가는 무궁화호가 승차를 재촉한다. 스르르 출발한 열차는 여천반도를 타고 올라가 순천을 거쳐 구례, 곡성의 섬진강을 동무삼아 달렸고 멀리 노고단까지 파랗게 펼쳐진 하늘 위로 뭉게구름이 일어난다.

막상 걸어 다닐 때는 몰랐던 노독路毒에 잠이 들었다 깨보니 강경역을 알리는 승무원의 안내 방송이 흐르고 있었다. 대전 시내를 지나는데 보이는 아파트 숲과 자동차의 거리들이 낯설게 보였다. 숲과 들 그리고 바다의 푸름에 취한 이틀도 이젠 몇 장의 사진에 남을 것이다. 가방을 메고 나선 역 광장은 난생 처음 와 본 어느 도시의 일부처럼 그러나 언젠가 본 것 같은 기시감이 교차한다. 그도 그럴 것이 나는 이 역에서 떠나 다시 이 역으로 돌아왔다. 집으로 돌아올 것이면서 집을 떠나는 이 어리석은 여행을 도대체 나는 언제 멈출 것인가.

노고단에서 순천만까지

인월장에서 콩나물 국밥으로 허기를 달래고 오른 정령치는 해가 벌써 이마 위에 있다. 오륙년 만에 오른 고갯마루는 주차요금을 받는 것을 빼면 달라진 것은 없다. 성삼재로 가는 길은 군데군데 가을 옷을 갈아입은 나무들이 풍경이 정지된 것이 아님을 보여주고 있었다. 노고단으로 오르는 길목, 성삼재 주차장에는 벌써 차들이 만원이다. 단풍보다 더 화려하고 붉은 옷들이 완만한 오르막을 개미처럼 오르고 있다. 마흔이 넘도록 지리산이 처음이라는 친구는 산도 산이지만 휴일을 보내는 사람들의 모습이 더 인상적인 표정이었다.

그러고 보면 사는 게 별 거 없다고 하지만 아등바등거리며 살아가다 휴대폰 문자로 받는 부음에 한두 번 후회해보지 않은 이가 있을까 싶다. 그래서일까? 각자가 가장 함께하고 싶은 누구와 함께 오르는 모습은 산 아래 일상에서 목마른 게 무엇인지를 그대로 보여준다. 산을 오르는 사람들의 행렬은 무전기를 들고 있는 이의 인솔을 받으며 오르는 교도와 같은 이들에서부터 가족의 울타리를 그대로 둘러치고 오는 사람, 마음이 통하는 친구나 연인과 손을 잡고 이야기를 나누며 오르는 사람, 그 누구도 없이 자기 자신과 더불어 홀로 오르는 이들까지.

제법 걷다보니 힘에 부치는지 친구 두 놈이 안 보였다. 발아래 화엄사 골짜기와 구례 들판을 휘감아 도는 섬진강의 은빛 실루엣이 한눈에 들어오는 곳에서 기다렸다. 캐러멜 한 개를 먹고 물 한 잔을 나눈 다음 봉우리로 향한 느리고 편한 길로 들어섰다. 길섶에 노랗게 물이 든 싸리나무를 보며 다들 군 시절 월동 준비로 고생한 이야기를 산길 위에 풀었다. 욕지거리 섞인 웃음이 청명한 가을 하늘과 산길을 걷는 우리에게 청량제가 되었다.

노고단 정상이 가까워지자 능선 위에 제 몸을 그대로 드러낸 까닭인지 바람은 거침없이 가슴 속으로 회오리를 그린다. 반야봉과 천황봉으로 이어지는 광대한 산맥이 산 아래 인간사를 다 묻어버린다. 누구보다 지리산이 처음이라는 친구의 얼굴은 구름 사이로 비추는 햇살처럼 환하게 상기되어 있었다. 뭐 그리 대단한 것이 아니라도 짬을 내 속 좁은 생각의 먼지들을 훌훌 털어버릴 산행에 함께 해야겠다는 다짐을 감추지 않았다. 친구의 말대로 왜 산에 오르는 이들은 대부분 삶의 반 고비를 넘어선 이들인가? 젊은 날 주체하지 못하는 힘으로 높은 산을 오르고 허허바다로 떠나지 못하고 술잔만 들이켰는지,

왜 나는 젊은 날의 초상이 그리도 우울했는지 내게 물음을 던졌다. 물음은 메아리처럼 가슴의 골짜기에 남았고 그저 아무 말 못한 채 쓴 웃음을 지어보인 게 내 대답의 전부였다.

성삼재를 내려와 천은사를 지나 구례에 이르러 다음 행선지를 어디로 할까 고민하기를 잠시 일행은 순천만으로 향한 시원스런 국도를 내달렸다. 순천은 내게 돌아가신 아버지의 편지 한 장을 떠올리게 한다. 아직 갓난아기였던 그때 아버지는 이 곳 순천에 얼마간 혼자 근무하셨는데 어머니에게 보낸 한 장의 편지를 읽게 된 것은 불과 얼마 전의 일이었다. 어린 나의 예방주사 접종과 월급을 송부한다는 간단한 내용이지만 가슴이 먹먹한 편지였다. 시내를 지나며 이 도시 어느 작은 하숙집 백열등 아래 편지를 썼을 아버지의 모습이 어른거렸다. 나도 아버지가 되고 나서야 아버지란 말의 무게를 조금 알게 된 까닭이다.

순천만이 가까워지자 이래저래 간판을 내건 식당들이 길가에 즐비했다. 늦은 점심이지만 이 지방 음식을 먹기로 했다. 사람들이 줄을 선 식당이 있기에 우리도 한몫 하기로 했다. 꼬막 정식과 순천만 갯벌에서 나는 못생긴 장뚱어 전골을 시켰다. 식당마다 방송 출연을 강조하고 이를 믿고 들어온 손님이 대부분이었지만 식당은 친절함이 모자랐고 때론 불쾌하기까지 했다. 음식 맛은 값에 비해 비싸게 치른 기분을 지우기 어려웠다. 여행을 하다보면 그 지방의 손맛을 느끼는 일은 무엇보다 큰 즐거움인데 미디어의 요란스런 소개에 낭패를 보는 일이 적지 않다. 허름하지만 배부르고 맛 나는 밥집을 찾는 능력도 그저 생기는 것이 아니라 숱한 경험의 소산일 수밖에 없나보다.

순천만에 이르자 정말 많은 사람들이 이곳을 찾고 있다는 사실이 놀라웠다. 편견인지는 몰라도 사람들이 많이 찾으면 본 모습이 오래가기 힘들다는 점과 비록 좋다 해도 인파에 치여 제대로 느끼기가 싶지 않다. 수백만 평에 이르는 갈대밭이 순천 시내 쪽으로 끝이 없었고 물길 건너 바다를 마주한 곳에는 황금 들녘이 눈에 담기 어려울 만큼 펼쳐져 있다. 무진교를 건너 갈대밭 사이로 관광객을 위해 만든 산책로를 따라 걸었다. 김승옥金承鈺의 소설 「무진기행」의 배경이 된 "바다로 뻗은 긴 방죽" 너머로도 쉽사리 바다는 보이지 않았다. 먼 곳은 어쩌면 안개가 낀 풍경과 닮아있다. 끝을 알 수 없는 갈대의 흔들거림은 소설 속 주인공과 하 선생 사이의 미묘한 흔들림이었다.

흔해진 순천만 붉은 노을과 사행蛇行의 물길이 내려다보이는 사진 속 이미지는 바다 쪽으로 나 있는 용산 전망대에서 직접 볼 수 있다. 높이가 낮다 해도 오르기는 노고단보다 몇 곱절 힘들다. 가파르게 오른 능선의 끝자락 소나무 사이로 난 작은 전망대는 온통 카메라 차지였다. 너른 들녘 한가운데는 겨울에 찾아오는 흑두루미 두 마리가 논바닥을 하늘 삼아 오르고 있었다. 아주 가끔 물길을 가르는 배가 지나간 자리에는 멀리서도 보일만큼 물이랑이 서녘 햇살에 반짝였다.

렌즈가 받아들인 풍경과 사람의 눈이 보는 풍경은 분명 다르다. 사람들이 기대하고 찾은 순천만은 아마 사진 속 풍경이었을 것이다. 사진 속 풍경은 우리 눈에 쏙 들어오는 풍경이다. 그것은 풍경의 일면이다. 훌륭한 사진은 일면의 포착이지만 전면을 느끼게 하는 사진이다. 디지털 카메라와 휴대폰이 필수 아이템이 된 요즘은 너무도 쉽게 찍고 너무도 잘 나오는 사진 탓에 정작 풍경과 직접 마주했을 때 적잖이 실망을 하는 경우가 있다. 그것은 나 또한 '보기 좋은' 것만을 선호하는 세태에 물들고 있기 때문일 것이다. 우리는 그렇게 자신도 모르게 세상이 매긴 가치의 서열을 받아들이고 있는 것이다.

순천만 풍경은 한 번의 발걸음으로 맛볼 수 없을 것 같다. 봄이 되면 푸른 풀빛이 차지한 세상과 짙푸른 여름의 무성한 수런거림, 그리고 수백만 마리의 철새들이 펼치는 군무와 안개가 오르는 겨울풍경까지 사계의 묘미를 느껴야 할 것 같다. 멀리까지 펼쳐진 갯벌 너머의 바다를 보는 일은 긴 방죽을 걸어가야만 하는 것이다. 사진 속 풍경에 머무는 것이 아니라 나또한 하나의 풍경이 되어 어른거리고 싶다. 가을 하루, 지리산 노고단에 올라 답답한 가슴 속에 고함을 질러보고 바다로 향해 일제히 고개를 돌린 갈대의 노래를 부르는 순천만의 기억은 하루에 머물지 않을 것이다.

서해 한가운데, 등대를 밝히다

충남 서해 유일의 유인 등대, 옹도甕島

배낭을 메고 집을 나설 때만 해도 아직 파란 새벽 기운이 남아 있었다. 하지만 얼마 지나지 않아 한여름의 햇살은 금방 뜨거워졌다. 국토가 너무 작다고 쉽게 내뱉는 시쳇말도 몇 시간을 차에 몸을 맡기면 쉽게 나오지 않는다. 충남 서북단 태안반도로 향한 길은 젊은 날 파도리에 간 이후로 얼마인지도 모를 길이다. 섬이라 하지만 다리가 놓여 뭍이나 다름없는 신진도 안흥 외항에 도착한 것은 벌써 해가 정수리 위에 오르기 직전이었다.

외항 해양교통시설 관리소에서 관계자 몇 분과 인사를 나누고 옹도 등대로 출항 준비를 서둘렀다. 태안 군청의 도움으로 충남 202호에 몸을 실었다. 하늘은 더없이 맑아 순조로운 뱃길을 기대했다. 그러나 방파제를 빠져나와 얼마가지 않아 뱃머리는 머리를 들기 시작했다. 물에 늘 발을 딛고 산 이들에게는 벌써 너울의 힘이 속을 울렁이게 했다. 하늘만 바라보는 우리네와는 달리 바다 위에서 삶을 일구고 해상업무를 보는 이들은 바람을 바라보고 있었다. 바람의 낌새가 호락호락하지 않을 바닷길을 뚫고 옹도로 가는 뱃길이 순탄치 않음을 이미 알고 있었던 눈치였다.

게다가 안흥 앞바다에서 항아리를 엎어 놓은 모양의 옹도 사이는 가로로 누운 가의도가 물살을 더욱 세차게 만들었다. 관장목이라 불리는 이곳은 해저 협곡을 이룬 지형과 조수 간만의 차가 더해 이 나라에서 가장 물살이 드센 곳으로 유명하다. 예전, 무동력선 시절에는 말할 것도 없고 지금에도 항시 빠른 조류가 지나는 배들을 두려움에 떨게 하는 곳이다. 30분을 넘어서자 옹도 등대가 손에 잡힐 듯했다. 그러나 보트로 갈아타고 접안을 할 수 없는 파도가 요동치면서 회항을 결정했다. 물론 하늘은 멀쩡했지만 바람이 바다를 가만두지 않는 현실 앞에 처음으로 바다와 바람의 관계를 느꼈다. 결국 어선으로 갈아타고 모험에 가까운 시도로 옹도에 도착했다.

사실 무리를 해서 옹도에 도착한 일행에게 얼마 전의 파도는 남의 이야기가 되었다. 섬 하면 흔히 고독, 단절을 떠올리지만 격랑의 바다 가운데 섬은 대륙보다 소중한 '또 다른 뭍' 이었다. 섬의 절경이 눈에 들어오고 일행을 등대원 허동연 씨가 무덤덤하게 맞이해주었다. 작은 등대섬에 학술, 생태 답사단이나 방송촬영을 위한 육지 손님이 이미 예전에도 있었기에 그리고 며칠을 지내고 또다시 떠날 이들임을 알기에 괜한 친절은 오히려 스스로에게 짐이 된다는 생각일 지도 모른다.

옹도 등대에는 모노레일을 설치해 등대 시설을 관리하는데 필요한 물자를 섬 정상으로 실어 나른다. 1907년 1월 1일 점등한 옹도 등대는 작년에 백주년 기념식을 치른 역사를 지닌 곳이다. 물론 지금의 등탑이나 여타의 시설물은 모두 90년대 개보수로 옛 모습을 잃었지만 과거에나 지금이나 등대의 역할은 한 번도 바뀐 적이 없는 충남 서해의 유일한 유인 등대임을 등대 소장 유영철 씨는 일러 주었다. 분주한 한낮이 이내 지나 어느덧 서쪽 수평선 아래로 해가 잠들 채비를 하자 등대원의 점등을 준비하는 손길이 빨라졌다. 해가 가라앉자 검은 어둠이 바다 위를 덮기 시작했고 등대 불빛은 어둠에 비례해서 밝아지기 시작했다. 온통 칠흑같이 어둔 바다 위에 일직선으로 뻗은 불빛 네 갈래가 마치 풍차처럼 돌아갔다. 멀리 안홍 외항의 불빛이 한쪽 하늘을 뿌옇게 밝히고 있었고 관장목의 거센 물살은 한숨도 자지 않고 밤새 흐르고 있었다.

다음 날 섬의 서쪽 사면으로 내려가 보니 수직 절벽을 곧장 타고 오른 세찬 바람이 섬의 등줄기를 넘어서고 있었다. 무릎까지 오는 억센 풀들이 머리를 풀어 헤치고 흔들거렸고 곳곳엔 엉겅퀴꽃이 선인장보다 더 단단한 가시로 무장한 채 버티고 있었다. 나 또한 그 바람에 깃발처럼 펄럭였고 젊은 날 지구의 서쪽이라는 포르투갈 로카Roca 곶 등대에서 맞았던 대서양의 포효를 떠올리게 했다. 날이 저물자 해미가 섬 전체를 덮기 시작했다.

밤이 되자 더 짙어진 해미는 밖에 나와 있기만 해도 온몸을 축축하게 적셨다. 앞이 안 보일만큼 짙어진 해미에 등대 불빛도 무력해 보였다. 음파 표지인 무적霧笛은 옹도 등대에 그대로 있지만 지금은 사용을 하고 있지 않았다. 무적 소리에 대한 막연한 향수는 바닷바람에 순식간에 바다 저편으로 사라지는 해무만큼 헛된 생각이었나 보다. 옹도 등대에는 무종霧鐘이 아직 남아 있는데 공기압축으로 바다 저 멀리 하얀 혼horn이 소리를 내기 전에 이걸로 얼마나 멀리 갈 수 있었을까 할 만큼 작은 종이 뎅그러니 등탑 옆에 매달려 있다. 나처럼 옛 이야기에 흥미를 가진 자들이 한 번씩 울려 치기 전에는 그냥 서 있는 종일뿐이다. 불빛은 쉼이 없었고 등대원 한 사람이 밤을 지새우고 있었고 또 한 사람은 자신의 숙소 불을 끈 채 다음 날을 준비하고 있었다.

옹도 등대에서 무엇보다 놀란 것은 등대원이었다. 등대하면 항상 애수에 젖은 나이 든 '등대지기'를 떠올리는데 사실은 그렇지 않다. 안흥의 해상교통시설 관리소에서 근무하는 6명의 등대원은 대개가 삼십대였고 이들은 태안반도에서 군산 앞바다 어청도까지 유인 등대인 옹도와 무인 등대 33개소, 각각 30여 개가 넘는 등표와 등부표의 점검, 교체, 관리까지 하는 항로표지원이며 국가기술직 공무원이다. 토끼 같은 아이들이 보고 싶기도 하고 사랑하는 아내와 함께 하고픈 집이 그리운 이들이지만 맡은 바 소임을 충실히 다하는 것이 가장의 책임이라 여기는 보통 사람들이다. 박봉에 바다를 사이에 두고 가족과 떨어져 지내는 어려움이 빗물을 받아 지내는 일보다 견디기 어려운 일임을 알기에 내 삶은 그 부분에서 여유롭다는 생각이 스쳤다.

육지가 바라보이는 옹도 등대. 어둔 밤 등대 문 밖에 서서 한동안 태우지 않았던 담배를 물었던 까닭은 멀리 보이는 항구의 불빛 때문이었을까? 섬에 가면 수평선 너머의 바다를 볼 줄 알았지만 정작 나는 항구의 불빛에 자꾸 고개를 돌렸다. 하지만 배가 오기 전 한 발자국도 떠날 수 없는 몸뚱어리는 또 하나의 섬이 되어 잠을 이루지 못한 채 그렇게 서 있었다.

서해의 독도, 격렬비열도格列飛列島에 서다

옹도를 떠나 격렬비열도로 가는 뱃길은 너무도 평화로웠다. 일 년에 몇 번 만나기 힘들만큼 좋은 해상 날씨란다. 몇 권의 등대 소개서의 사진 속 등대가 하나같이 평화롭고 아름다운 것은 뭍에서 잠시 방문하는 이들에게 그 같은 날씨가 아니고서는 등대를 만나기 어렵기 때문이다. '일 년에 몇 번 없다' 는 말에는 등대가 항상 버지니아 울프V. Woolf의 소설 『등대로』에 나오는 "내일 날씨"의 불확정성이 얼마나 지배하고 있는지를 실감나게 한다. 옹도를 지나 배는 계속 서쪽으로 향했고 지나온 섬이 수평선 아래로 사라지면 또 다른 섬이 바다를 이어가고 있었다. 옹도 북쪽에 있는 흑도를 옆으로 한 채 한참을 가자 활모양의 생김새를 가진 궁시도가 바다 위에 푸른 언덕을 드러내고 있었다. 사람이 살만한 크기의 섬이지만 대간첩작전을 이유로 섬 주민을 수십 년 전에 소개시킴으로써 빈 섬이 되어버렸다. 이른바 조선왕조 이래 지속되어온 공도空島정책이 20세기에도 여전했던 것이다.

궁시도를 비켜서면 얼마 가지 않아 괭이갈매기의 천국인 천연기념물 난도가 있고 갈매기의 날갯짓이 끝나면 그 뒤로 병풍도가 단원 김홍도檀園 金弘道의 「낭구도浪鷗圖」처럼 물 위에 떠 있다. 이렇게 서쪽으로 일렬횡대로 펼쳐진 섬은 우배도, 석도에 이르고 그 너머 바다에 희미한 섬이 모습을 보이면 그것이 바로 격렬비열도이다. 가장 큰 섬인 동격렬비열도를 정면으로 마주하면 마치 '날개를 펴고 날아가는 格列飛' 매 모양의 생김새가 독특한 이름의 사연을 깨우치게 한다. 날개를 펼친 섬이 점점 선명한 모습으로 커지기 시작하면서 북격렬비열도와 서격렬비열도가 마치 하나의 편대를 이루며 바다 위를 비상하는 형세의 격열비열도에 이른다.

북위 36도 36분, 동경 125도 32분에 위치한 격렬비열도는 신진 외항에서 55킬로미터 떨어진 곳에 위치해 있고 홍도, 백령도 다음으로 먼 서쪽에 위치해 있다. 그러나 본토에서는 가장 멀리 떨어진 섬으로 일명 '서해의 독도'로 불린다. 대개의 지도책에는 나오지도 않는데 보통 지도표지가 있는 범례에 가려 지도에는 없는 섬이 바로 이곳이다. 7천만 년 전 화산폭발로 생긴 가장 오래된 섬으로 알려져 있다. 등대 및 기상대 관측소는 모두 해발 101미터의 북격렬비열도에 위치해 있다. 동쪽 사면이 유일하게 접근이 가능하고 나머지는 수직절벽으로 인간의 접근을 막고 있는 곳이다. 섬 남쪽에는 해식 동굴이 주상절리와 함께 태고의 신비를 간직하고 있다. 멘델스존F. Mendelssohn이 스코틀랜드의 '핑갈Fingal의 동굴'을 마주한 기분이 아마 내가 마주한 이곳과 다르지 않을 것이란 생각이 들었다.

격렬비열도 등대는 현재 무인 등대이다. 1909년 6월에 처음 불빛을 밝혀 내년이면 점등 백주년이 된다. 결국 옹도나 격렬비열도 등대 외에도 이 나라 등대의 역사는 서해에서 시작되었고 제국의 지배력을 보여주는 가장 큰 상징이기도 했다. 등대로 오르는 길의 석축은 러일전쟁 시기의 유물이라고 직접 등대 점검을 위해 함께 한 해상교통시설 관리소 박선우 소장이 알려주었다. 등대 주변 담장에는 찌르레기가 특유의 소리를 내며 인적에 아랑곳하지 않았다. 워낙에 떨어진 섬이다 보니 과거 유인도 시절의 선배 등대원의 고충은 이루 말할 수 없었고 그저 존경스러울 뿐이라는 등대원 김봉수 씨의 이야기에 등대의 '낭만' 은 어설픈 감상주의의 소산임을 생각하게 되었다.

그런 탓에 격렬비열도 등대는 어느 곳보다 무인화의 필요성이 큰 곳이었다. 1994년 최초로 원격감시제어 업무로 무인화에 이른다. 당시에는 군산에서 이곳 격렬비열도를 통제하였고 철탑이 등탑 옆에 지금은 녹이 슨 채 우두커니 서 옛 사정을 말하고 있다. 서쪽으로 멀리 나온 탓일까? 해는 훨씬 길었다. 서쪽 수평선에 붉은 노을이 쪽빛 바다에서 시작해 보랏빛까지 층층이 하늘에 펼쳐진다. 석양은 언제고 지난날을 돌아보게 한다. 마치 둥지로 돌아가는 새들처럼 모든 살아 있는 것들의 귀소 본능을 자극하는 서해 일몰의 장관 앞에 아연 실색할 뿐이다. 어디 그뿐인가. 천지를 밝힌 하늘의 태양이 사라진 세상의 중심에 등대 불빛이 있다. 그리고 그 불빛을 바라보며 수평선에는 어선의 불빛이 바다라는 세상의 변경에 점점이 떠 있다. 서격렬비열도 위로 초승달이 달력이 되어 매달려 있고 거짓말 조금 보태 검은 색보다 더 많은 밤하늘의 별이 떠 있었다.

동백나무는 바람에 부채산호처럼 뻗어있고 아무도 따지 않는 동백열매는 주먹만 했다. 발을 디딜 수 없는 아스라한 절벽마다 노란 나리꽃이 푸른 하늘을 채운 새들의 쉼터가 되어주는 섬. 인천, 평택을 떠나 대양으로 나가는 큰 배들의 길목이 바로 이곳 격렬비열도이다. 이리도 소중하고 값진 섬이 농어 낚시를 위해 배를 대절해서 오는 낚시꾼들 몇몇을 빼고는 사람들의 기억 속에 없다는 점이 안타까울 따름이다. 최근 중국의 이어도 영유권 주장을 보면 결국 삼면이 바다인 해양국가라고 하면서 바다를 새로운 가능성의 보고로 여

기기보다 여전히 장애물로 여기는 태도가 바뀌지 않는다면 우리의 국토는 사면초가에 둘러싸일지 모른다.

격렬비열도를 떠나는 마지막 날 밤, 더없이 맑은 밤, 나는 격렬비열도에서 옹도 등대의 불빛을 보았다. 난바다 한가운데서 육지에 가까운 등대 불빛은 한 점으로 깜빡거릴 뿐이었다. 몇 초의 간격을 두고 어둠 속에서 사라졌다 다시 나타나는 등대는 내게 돌아갈 곳으로 여겨졌다. 위성항법장치 같은 첨단 장비가 선박의 항로를 이끌어도 어둡고 파도치는 바다의 두려움을 완전히 씻어줄 수 없다. 그것은 인간이 몸을 지닌 한, 몸으로 확인하는 순간에 형성되는 말할 수 없는 안도감이 있기 때문이다. 등대는 바로 항해자의 눈 속에 불빛을 비추게 된다. 그래서 등대 불빛은 앞으로도 영원할 것이라고 박선우 소장은 말했던 것이다.

옹도와 격렬비열도 등대에서 보낸 일주일은 내게 무엇보다 큰 선물이었다. 사실 등대섬에 머물기 전, 내가 바라본 등대는 육지에서 바라 본 등대였다. 그것은 지극히 평화로울 수밖에 없고 관념적 상상을 불러일으킨다. 그러나 바다 한가운데서 바라보는 등대의 모습은 절체절명의 고비를 넘는 전환점이자 안식처인 항구로의 안내자이다. 그리고 세상 모든 것이 그렇듯이 보이는 것은 보이지 않는 피와 땀, 그리고 하루도 거르지 않는 말없는 성실함이 그 아래 있다는 사실을 다시 확인했다.

격렬비열도에 가기 전 그곳이 서쪽 끝이라 생각했다. 그러나 그곳에서 나는 더 멀리 넓게 펼쳐진 서쪽 수평선을 마주했다. 결국 끝은 없다. 또 다른 시작이 있을 뿐이며 우리네 삶 또한 그러할 것이다. 그 어떤 이상도 끝을 말하는 순간 생명력을 잃는다는 사실을 서해의 독도, 격렬비열도 너머 섬보다 작은 고깃배들이 수평선에서 또 하나의 작은 섬이 되어 삶의 그물을 걷어 올리고 있었다. 그리고 누군가가 더 이상 갈 수 없다고 그어 놓은 경계를 넘는 이들이 제일 먼저 새벽을 볼 것이라고 새벽 여명에 파란 격렬비열도는 내게 말하고 있었다.

섬이 그리워 떠난 바다,

이제는

물이 그리워 파도친다.

밤의 바다를 건너

아무것도 알 수 없는 밤의 바다로 우리를 이끈 것은 33피트의 몸뚱어리에 펄럭이는 바람의 돛 하나를 펼친 '행운호'였다. 선미가 부산 수영만을 빠져나오자 광안대교는 붉은 노을 가운데 까맣게 누워 있다. 우현으로는 오륙도의 검은 그림자 위로 초저녁별이 하얗게 반짝거렸고 좌현으로는 해운대와 달맞이길 위로 보름달이 여느 때보다 크고 밝은 표정으로 마지막 배웅을 했다. 바람이 등 뒤에서 우리를 가볍게 밀었고 행운호는 항해박명航海薄明의 수평선 너머로 나아가기 시작했다.

아스라이 멀어지는 항구의 불빛처럼 지난 일주일 동안 나를 가만두지 않았던 몸살의 기억도 함께 멀어져 갔다. 바닷가 마을에 태어나 유년과 사춘기의 절반을 보낸 나이지만 거의 하루를 그것도 밤의 바다를 바람에 맡긴 돛 하나가 전부인 시간을 경험하는 일은 처음이다. 첫 경험이 주는 떨림은 설렘과 두려움의 감정을 동시에 지닌다. 마치 뱃전의 왼쪽으로 끝없이 누워있는 뭍그림자와 수평선 말고는 아무것도 알 수 없는 밤의 바다 사이를 차르르 물살을 가르는 배는 언제나 처녀의 운명인 것처럼.

마스터 위에 매달려 있던 달은 이미 오른쪽 어깨 위에 총총히 박힌 무수한 별자리 사이에서 빛나고 있었다. 가물거리지만 출항한지 네 시간이 지났을까. 멀리 울산 간절곶이란 사실을 알려주는 등대 불빛이 깜빡거린다. 순조로운 항해는 잠시 바다의 알 수 없음이 일으키는 두려움의 파도를 잊게 했다. 항해 중에 느끼는 따뜻한 커피 한 잔과 쓴 담배는 육지의 나무에서 따온 과일처럼 텁텁한 입속을 개운하게 만들었다. 바다와 항해 경험이 나보다 훨씬 많은 오십대의 두 사내도 투박한 목소리로 「산타 루치아Santa Lucia」를 부르며 지중해처럼 평온한 바다를 만끽하고 있었다. 밤의 바다가 깊어지자 세 명의 사내는 뭍에 있을 여인의 가슴을 그리워하는 눈치였다.

달과 바다, 가물거리는 기억처럼 반짝이는 내륙의 불빛과 흔들거리는 검은 외양外洋의 끝에는 어화漁火의 행렬이 점점이 펼쳐져 있다. 하늘이 둥근 것처럼 하나의 원을 이루며 마치 거울처럼 이 모든 풍경은 내 눈 앞에 펼쳐진다. 지구가 둥글다는 사실은 배를 타고 바다 한 가운데로 나가보면 이내 알 수 있는 사실이다. 배가 지나간 자리에는 한순간도 닮지 않은 물결이 순간의 기억으로 태어났다 사라지고를 쉼 없이 반복하고 있었다.

울산만 근처에 이르자 바다 위에는 닻을 내리고 정박한 거대한 해상 왕국처럼 떠 있는 유조선들이 나를 압도했다. 그들이 닻을 올리고 대양을 향해 출항의 뱃고동을 울리는 것을 상상하는 것만으로도 흥분을 감추기 어려웠다.

울산만 근처 해역에서 조류潮流를 차고 오르는 탓에 우리를 태운 배는 한 시간 반쯤 제자리 뛰기를 했다. 달은 이미 바다 쪽에서 육지 쪽으로 가 있었고 시계바늘은 자정을 넘어 섰다. 내비게이션에는 북위 35도 37분 17초를 통과하고 있다고 깜빡거린다.

달빛이 비교할 수 없을 만큼 밝다. 수첩을 꺼내 몇 자를 적는데 책을 읽어도 될 정도였다. 달빛이 비치어 반짝이는 잔물결을 뜻하는 '윤슬'이란 말을 사전이 아닌 현실로 느끼는 것이 이토록 행복한 줄 몰랐다. 브루크너A.Bruckner교향곡의 아다지오를 들으며 내가 떠 있는 바다의 깊은 수심 아래로 모든 생각이 가라앉았다. 드뷔시C.Debussy의 「달빛」도 들었지만 왠지 호수의 달빛이라 성에 차지 않았다. 노래가 귓전에 흐르고 나는 몸을 누여 바다를 보며 더 깊은 밤의 바다에 빠져들고 싶은 마음에 눈을 감았다. 물 위에 떠 있는 내 몸은 마치 배와 하나가 되어 물결을 느끼며 바람을 타고 흐른다. 내일이면 다다를 곳이 내가 아는 항구가 아닌 다른 세상의 문이 될 거라는 기대 속에 스르르 눈을 감는다.

눈을 떠보니 11시 방향의 포구에 불빛들이 점멸하고 있었고 돛대 오른쪽에 북두칠성이 선명하게 박혀 있다. 물론 달빛은 여전히 환히 빛나고 있다. 새벽 두 시 반을 넘어서고 있다. 바람이 좀 더 불면서 선수를 가르며 부서지는 물결의 속살이 새하얗다. 새벽 네 시가 넘어 구룡포항이 가까워진다. 내 유년을 보낸 고향을 바다 한가운데서 보기는 처음이다. 언제 일어났는지 모를 구름 속으로 달이 사라지자 어딘가 모를 불안함의 파도가 일어났다. 해돋이에 맞춰 호미곶을 지나려 했는데 아마 어려울 것 같았다. 아직 어둠이 바다를 지배하고 있지만 조업을 마친 어선들이 백색 섬광처럼 번쩍이는 호미곶 등대를 좌표로 삼아 포구로 향하는 탓에 긴장을 늦출 수 없었다. 자칫 충돌의 위험이 있기 때문이었다.

수평선은 여섯 시가 넘자 미명이 밝아오기 시작했다. 보랏빛 기운이 서서히 붉은 기운으로 변했지만 이미 구름이 잔뜩 바다 위를 누르고 있었다. 구름 사이로 반원의 아침 해가 밤이 끝났음을 확인시켜 주고는 이내 사라졌다. 요트 좌현 뒤편으로 호미곶 등대는 여전히 불을 밝히고 있었는데 불빛은 밤보다 오히려 더 선명했다. 마지막 기운을 다하고 있는 모습이었다. 그리고 순풍에 돛을 단 휴식 같은 밤도 끝이 나고 우리를 기다린 것은 강한 북서풍이었다.

본디 밤과 낮의 경계인 아침과 저녁은 바람이 인다. 이는 밤과 낮의 보이지 않는 싸움의 결과물일지 모른다. 그런 시간에 내륙에 저기압이 형성되면서 바다의 기상은 급변하기 시작했다. 바다와 하늘은 경계를 알 수 없는 회색빛 가빠를 뒤집어 썼다. 좀전까지 보였던 영일만 건너 산자락도 모두 흔적 없이 사라졌다. 바다는 성난 아가리를 벌리고 이빨처럼 허연 파도로 삼킬 듯이 우리를 덮치기 시작했다. 본능적으로 사위를 둘러보았지만 아무도 없는 난바다 가운데 흔들리고 있는 것은 우리뿐이었다. 어젯밤의 추억은 말 그대로 추억일 뿐이었다. 이제 두세 시간이면 우리가 닿을 곳을 앞두고 배와 우리는 요동치기 시작했다. 고향 이타카Ithaca를 눈앞에 두고 역풍을 맞아 원점으로 돌아간 오딧세우스Odysseus의 이야기는 신화가 아닌 현실이었다. 항해 경험이 적지 않은 캡틴도 행운호와 호흡을 맞춘 것은 처음이라 때를 놓치고 말았다. 거센 바람과 직각으로 향한 배는 돛을 내리는 경험 많은 두 사내를 사정없이 후려쳤고 마침내 돛마저 갈기갈기 찢어 버렸다. 이때가 8시 50분쯤이었다.

내게 키를 맡긴 캡틴은 일단 돌풍을 피해 해안 쪽으로 갈 것을 명령했다. 손님처럼 승선했던 나 또한 한 배를 탄 운명의 일부가 되었다. 경험 많은 두 사람은 동갑내기이지만 느슨한 어젯밤의 관계는 바다에 집어던졌고 캡틴의 판단에 모든 걸 따르는 선상의 무서운 질서가 이 상황을 돌파할 유일한 방법이라는 것에 의심을 품지 않았다. 배 위로 들이치는 파도에 온몸이 젖었지만 그런 것은 아무런 문제가 되지 않았다. 선상 위에 모든 물건을 선실로 집어넣고 속도를 늦추고 더딜지라도 현재의 침로를 유지하며 간다는 캡틴의 말에 따라 몸을 움직였지만 배는 마음처럼 움직이지 않았다. 다만 아주 천천히 조

금씩 북서쪽으로 움직이고 있었고 그 속도만큼 기상도 누그러지고 있었다.

10시 반이 지나 바람은 여전히 거셌지만 우리는 안정을 찾았다. 한여름날 눈부셨던 장사 해수욕장이 보일 때쯤 구름을 찢고 나타난 태양이 눈을 뜰 수 없을 만큼 바다 위로 쏟아졌다. 파도가 만만치 않았지만 견딜 정도였다. 멀리 우리가 도착할 강구항이 보인다. 눈의 세계를 벗어나기 힘든 인간에게 눈에 보이는 기쁨은 무엇보다 선명하다. 11시 35분. 강구항의 왁자지껄한 어시장이 우현으로 펼쳐지고 우리 앞엔 강풍에도 아랑곳하지 않는 갈매기들이 멀뚱거리며 웃고 있었다. 19시간이 넘는 부산에서 영덕 강구항까지의 야간항해는 그렇게 돛을 내렸다.

잠을 청한 행운호에서 내려 두 발을 디딘 육지는 아직 바다 위에 떠 있는 배처럼 움직였다. 바다에서 나고 자라 지금껏 살고 있는 캡틴도 그제야 안도의 표정을 보였다. 등 뒤엔 언제 그랬냐는 듯 사진처럼 또렷하게 인화된 푸른 바다가 놓여 있었고 물기가 마른 바지와 점퍼에는 항해의 흔적인 소금 꽃이 하얗게 피어나고 있었다.

바닷가에서

에우제니오 몬탈레E. Montale

오늘 내 다시
네 앞에 섰구나.

지금 대지는 병들고
황량한 바람결에 지친 영혼은
네 깊은 중심으로 날아간다.

언제 몸부림이 있었느냐
지금 너는
세레나데처럼 조용하다

오늘
저 도시의 먼지 속을 걸어와
이렇게 네 앞에 섰구나

끝없는 영원을 지닌 너,
내 친구여!

울릉도 항해기

마침내 돛이 올랐다. 안일한 해변의 테라스를 뒤로 하고 수평선 저 편의 먼 바다로 긴 항해가 파도치기 시작했다. 동해 후포항을 떠나 "동쪽 먼 심해선深海線 밖의" 울릉도로 바람과 파도 그리고 인간의 의시를 동력으로 나아가는 뱃길의 주인공은 두 개의 돛을 지닌 전장 30피트의 요트 스텔라Stella와 승선한 6인의 사내들이었다. 서로 다른 뭍의 삶에서 뛰쳐나와 바다 끝을 항해하고 싶다는 마음 하나가 한 배를 타게 만든 것이다. 비슷한 마음의 돛들이 바다를 향해 제각기 높게 오르고 선수는 수평선 밖을 향해 이미 내달리고 있었다.

항구를 빠져 나와서 얼마 되지 않아 미풍마저 사라진 바다는 말 그대로 호수처럼 고요했다. 그렇게 지지부진한 몇 시간이 맴돌자 출항의 흥분도 지루함으로 바뀌고 있었다. 아직 육지는 등 뒤에 너무도 선명하게 누워있었다. 지루했던 시간은 노을이 비낀 난바다에서 끝이 나고 그제야 배는 어느 정도 바람을 맞으며 무변無邊의 바다 가운데로 나아가고 있었다. 우리 뒤로 멀리 삼각형의 돛이 하늘과 바다의 가르마를 타고 떠 있었다. 삶이 바다라면 삶을 살아있게 만드는 것은 바람이다. 바람 한 점 없는 바다의 지루함은 삶의 무료함과 다르지 않다. 무료한 항해는 도도滔滔한 바다의 무서움을 망각하게 만든다. 그것은 바다의 심연을 보지 못한 채 수면 위의 잔잔한 일시적 모습을 바다의 전부로 착각하게 만든다.

바다 말고는 전무후무한 세상에 들어선 지 얼마 되지 않아 마침내 지상의 인류가 유사 이래로 최고의 신으로 섬긴 태양마저 바다는 해저로 빨아들였다. 태양이 침몰하는 시간만큼 어둠의 바다는 어깨 위로 무겁게 내려앉았다. 바다는 암흑이란 말과 동의어가 되어버렸다. 낮동안 유쾌한 사내들의 질퍽한 농 짓거리도 풀이 죽은 채 눈꺼풀이 선실 아래로 향했다. 빈틈없는 캡틴은 타를 자동항법으로 맞추어 놓고 홀로 돛을 당겨 바람을 끌어 모으고 있었다. 뭍에서의 자기 삶을 이야기 했지만 바다와의 단독면담을 위해 길게 가지지는 않았다.

유일한 광원이었던 반달마저 구름 뒤에 잠기자 머리 위의 거대한 어둠의 베일에는 무수한 별들이 총총하게 빛나고 있다. 심해 속에서 스스로 빛을 내며 떠도는 물고기처럼 별들이 머리 위로 떠다니고 있는 것이다. 청마靑馬의 시처럼 심해선 밖으로 배는 물살을 가르며 나아간다. 내가 떠 있는 해면 아래 어둠의 깊이가 2천 미터가 넘는다는 생각에 나는 잠을 이룰 수가 없었다. 선미와 닿은 끝없는 어둠의 바다는 잠깐의 물이랑으로 남는 항적만을 허용하고는 이내 납덩어리처럼 무겁게 가라앉는다. 귓전엔 브루크너의 아다지오가 느리게 가슴속에 물이랑을 일으켰다.

바다 속에서 몸부림을 치며 솟아오르는 태양의 기운이 느껴지고 있었다. 네 시가 넘어서자 동쪽 수평선 쪽에 여명의 기운이 하늘과 바다를 가르고 한 시간이 지나 하늘에 붉은 기운이 돈 다섯 시에는 드디어 전방에 울릉도의 모습이 돛 사이로 나타났다. 항구를 떠난 지 열일곱 시간 만이었다. 뭍이 사라지기까지 걸린 시간만큼 가야할 시간이 네댓 시간은 족히 걸릴 것 같아 잠시 선실에 들어가 눈을 붙이기로 했다. 두 시간이 지나 사동항 방파제가 바라보이는 곳 앞에서 거센 조류를 만나 근 세 시간동안 제자리걸음 하고 말았다. 울릉도 바닷길 최후의 복병이었다. 항해가 달리 인생에 비유되는 게 아닌 듯하다. 11시 반 드디어 사동항에 입항했다.

목전에 울릉도가 보이는 뱃전에서부터 울릉도의 풍광은 가히 절경이었다. 바다 한가운데 "금수錦繡로 굽이쳐 내리던/ 장백長白의 멧부리 방울 뛰어,/ 애달픈 국토의 막내"는 진짜 '섬' 이었다. 다도해의 숱한 섬들이 연륙교가 놓여 뭍이 되어도 이곳 동해 한복판 울릉도는 앞으로도 '섬' 일 수밖에 없는 곳이다. 화산의 뜨거운 기운이 차가운 바닷물에 식어 그대로 굳어버린 경이로운 형상이 보는 이를 압도한다. 꼬박 하루를 지샌 우리가 제일 먼저 간 곳은 도동항에 있는 목욕탕이었다. 도동으로 넘어 가는 좁고 가파른 도로 좌우의 산자락에 울울창창한 수목들이 얼마나 짙푸른지 핏기 가득한 눈동자를 씻고도 남는다.

부산한 도동항에서 소금기를 씻어내고는 출출한 배를 채웠다. 항해 중에 선상에서 컵라면에 밥을 말아 먹긴 했지만 엉덩이를 바닥에 붙이고 먹는 밥과는 확연히 다르다. 해산물보다 산나물반찬이 더 많은 울릉도의 밥상은 소박했다. 오후 시간은 남양 마을 해변과 통구미 몽돌 해변에서 여유 있게 보냈다. 울릉도에 닿았지만 캡틴은 다음 항해를 위해 기상예보에 신경을 곤두세우고 있었다. 아니나 다를까. 내일부터 바다 날씨가 계속 험해진다는 예보가 이미 발표되어 있었다. 문제는 독도에서 후포로 돌아가는 두 번째 항해시간의 바다는 생각보다 심각한 상황이 예견되었다. 다음날 사동항에서 죽도를 돌아 도동항까지 인쇼어inshore경기가 있을 예정이었으나 기상이 좋지 않아 하루 연기하기로 했다. 비가 내리는 저녁 통구미 해변 식당에서 꽁치 물회 한 그릇에 소주 몇 잔을 기울이며 앞으로의 항해를 위해 의기투합했다.

밤이 되자 빗방울이 굵어졌다. 바람도 거세어졌다. 바람에 배에 문제가 생길지 몰라 배를 다시 묶고는 열한 시가 다되어 캡틴과 일부는 배에 남고 나는 저동항으로 넘어갔다. 마침 주말이라 방이 없었다. 일단 다방에 들어가 물커피 한잔을 시키고는 아가씨에게 방을 수배해달라고 부탁을 했는데 쉽지 않았다. 어떻게 해서 바로 앞 '섬 여관' 이란 곳에 방을 잡았다. 비는 굵어졌고 항구에 정박한 배들이 서로 부딪히며 내는 찌그덕거리는 소리가 음산하기까지 했다. 여관에서 다시 찬물로 목욕을 했다. 울릉도에선 찬물로 목욕하라 말했던 이유를 실감했다. 낮에 목욕탕 뜨신 물은 비할 바가 아니었다. 이부자리 속에 눕자마자 심하게 코를 골며 쓰러졌다.

다음날 아침 저동항에는 선원들이 비바람에 배를 다시 묶거나 아니면 삼삼오오 모여 담배를 물고 걱정스런 표정으로 날씨이야기를 주고받고 있었다. 울릉도의 상징인 촛대바위 근처 방파제에 나가보니 어제의 바다는 간데없다. 광포한 비바람을 토해내며 제대로 서 있지도 못할 만큼 해벽을 사정없이 때리고 있었다. 다방에서 소개해 준 삼거리 식당에 다시 들러 찌개랑 밥을 먹었는데 아주머니가 절인 명이나물이 바다 사정을 깜빡 잊게 만들었다.

다방에 들어서니 연신 뿌연 담배연기를 내뿜는 마담과 아가씨들이 허벅지가 드러나게 앉아 있었다. 허리통이 나보다 훨씬 굵은 마담은 하루에 담배 여섯 갑을 태운단다. 다방이 없는 항구는 어쩌면 항구가 아닌지도 모른다. 다방엔 육지에선 명함도 못 내밀 몸매와 얼굴의 아가씨들이 '오빠' 라고 부르며 커피 한 잔을 판다. 거친 바다에서 근근이 부지한 사내들의 남근은 물거품의 파도 속에 떠 있다 뭍에 내리면 어딘가에 뿌리박고 싶은 욕망은 당연한 것인지도 모른다. 사타구니 사이로 흐르는 흥건한 농담을 뱉어내고 남자의 위세를 부리며 잠시라도 질겅거리며 담배를 물 수 있는 곳이 바로 다방인 것이다.

꼬박 하루 동안 궂은 날씨는 계속되었다. 다음 날 아침, 먼지 한 점 없는 푸른 하늘이 구름 사이로 헤집고 나왔다. 햇살이 터진 앞바다는 눈이 부셨고 구름이 걸친 봉우리들이 높이 자란 듯했고 초록의 싱그러움도 하룻밤 사이 더해졌다. 사동항에서 다시 죽도까지 나갈 채비를 했다. 각양각색의 돛을 펼친 다른 요트들과 함께 출발을 알리는 조명탄과 함께 거친 물결을 가른다. 울릉도 바닷물빛이 바로 이런 색이구나 감탄하기 무섭게 해안 절벽과 해식동굴에서 멘델스존의 서곡 「핑갈의 동굴」이 울리는 듯했다. 앞서 내달린 요트들이 넘실거리는 수면 아래로 잠겨 하얀 돛만 떠다니고 있었다. 그때였다. "고래다!"라는 외침과 함께 우현으로 떼 지어 솟구치는 돌고래 떼가 보였다. 환호작약하는 사내들의 모습이 마치 어린애 같았다. 죽도로 가는 뱃길은 바로 울릉도 앞이지만 점점 파도가 거세지고 있었다. 죽도는 울릉도 속의 섬이었다. 한 가구가 그림 같은 집에 살고 있는 곳이지만 눈으로 보이는 풍경이 다가 아님을 알기에 교차되는 감정이 조류처럼 어수선했다.

독도로 향한 계획은 기상악화로 일단 돛을 접기로 했다. 그러나 대부분의 요트는 독도로 출항을 기정사실화했다. 독도에 이르는 것에 일종의 환상과 과도한 의미부여를 하고 있다는 생각이 강하게 느껴졌다. 울릉도에서 독도까지 밤새 항해를 마치고 날이 밝으면 바로 독도에서 후포로 돌아가는 제 2구간은 아무리 강한 체력이라도 쉽게 견디기 힘든 항해가 분명하기 때문이다. 열시가 넘어서 의견이 분분하다 대회본부는 제2구간 경기를 결국 취소하기로 했다. 이미 바다는 풍랑주의보가 내려진 상태였고 포항에서 출항한 여객선도 두 번이나 회항한 탓에 울릉도에서 뭍으로 나갈 방법은 없었다. 이대로 발이 묶여 섬에서 며칠을 지내야 할 판이었다. 모든 요트들이 선단을 이루어 자정 무렵부터 출항준비를 서둘러 후포항으로 돛을 올리기로 했다. 무선 주파수를 통일하고 엔진을 켜고 바람이 센 탓에 최소한의 돛만 펼친 채 전속력으로 울릉도를 빠져 나왔다. 스텔라가 사동항을 빠져 나온 것은 근 새벽 두 시가 다된 시간이었다.

막상 바다로 나오자 생각 이상으로 파도와 바람이 거세게 일었다. 멀리 항해등을 켠 다른 요트들의 불빛이 유일하게 의지가 될 뿐이었다. 태하 등대 불빛이 하얗게 선미를 떠밀었고 스텔라는 캄캄한 바다 한복판으로 빠져들었다. 격랑, 노도와 같이 너무도 쉽게 내뱉었던 단어들이 얼마나 무시무시한 말인지 시간이 지날수록 뼈저리게 다가왔다. 한 시간쯤 지나자 주변의 항해등도 점점 멀어져 갔다. 12시 방향으로 몇 마일 떨어진 지점에 흔들거리는 불빛 하나가 마치 눈길 위에 난 발자국처럼 우리를 이끌었다. 어둠이 깊을수록 바다는 더 거칠어졌다. 울릉도의 불빛은 몇 시간이 지나도 그대로였다. 과연 파도를 부수고 나아가고 있는 것인지 느낄 수 없을 만큼 지난한 밤이었다. 이미 우린 뭍으로 가기로 했고 섬을 떠나기로 했는데 섬은 여전히 시야에서 사라지지 않았다. 섬을 망각의 바다에 빠트리고 싶지만 섬의 그림자는 실제로 점점 멀리 떨어진 우리에게 마치 한 발짝도 못 나간 듯 착각을 불러 일으켰기 때문이다.

날이 밝자 어둠 속의 항해가 주는 불안함은 사라졌지만 거리상으로 동해 한가운데 가장 멀고 깊은 바다가 사위를 채우고 있었다. 예상대로 집채만 한 파도가 북서풍과 함께 삼킬 듯이 배를 후려쳤다. 파도의 물마루는 시커먼 능선을 이루며 삼각형을 이루고 수평선은 일렁거리는 파도에 가려 사라진지 오래다. 뱃전엔 때때로 파도가 차고 올라 점점 바닥으로 떨어지는 체력의 한계선을 끌어 잡아 내리고 있었다. 불규칙한 파도는 자기네끼리 부딪히며 충격을 고스란히 스텔라에게 전했고 바람은 이명을 일으키며 뇌리를 요란스럽게 후벼댔다.

용솟음치는 너울 위로 재빠르게 나는 칼새를 보았다. 칼새는 된바람 속에서도 너무도 자유롭게 자신의 몸을 놀리고 있었다. 어디 그뿐인가. 심해 속으로 흐르는 거대한 해류에도 작은 물고기는 아무런 상관없이 그들만의 유영遊泳을 계속해 가는 것이다. 섬으로 가는 뱃길에서 나는 완전한 암흑을 목도해고 뭍을 향한 뱃길에서 인간이 온혈동물임을 처음으로 느꼈다. 체온이 유지되지 못하면 자꾸 눈이 감긴다는 것을. 물론 여럿이 함께 있었고 때때로 선실에서 잠시 눈을 붙일 수 있는 조건이라 다행이었지만 만약 나 혼자라면 나는 나도 모르게 무의식의 바다에 가라앉고 말았을 것이다.

허먼 멜빌H. Melville의 걸작 『모비 딕Moby-Dick』의 문장이 얼마나 사실적인지를 동이 튼 뒤부터 점심나절까지 계속된 항해 속에서 실감했다. 인류의 과학, 기술, 진보로 이루어진 견고한 구조물조차 바다에서는 갓난아이의 운명이 되고 만다. 만물의 영장, 인간은 바다에게 무참하게 모욕당하고 파멸의 심연으로 떨어진다는 말이 내 머릿속에 가득했던 관념적인 바다를 휩쓸고 지나갔다.

열두 시가 지나자 파도는 아침보다 한결 견딜만했다. 그렇다고 결코 만만하진 않았다. 때때로 새벽녘의 파도가 한 번씩 온힘으로 버티고 있는 몸뚱어리를 내동댕이쳤다. 그러기를 한참, 멀리 수평선 위에 검은 산자락이 나타나기 시작했다. 새벽까지 사라지지 않은 섬의 그림자처럼 이번엔 반대로 육지가 보인지 몇 시간이 지났지만 여전히 우리는 바다 가운데 표류하듯 떠있을 뿐이다. 이때부턴 눈에 분명히 보이는데도 잡히지 않는 느낌이 무엇보다 사람을 지치게 했다. 도상圖上의 숫자와 실제의 거리는 하늘과 땅 차이였다. 선미에는 우리를 따르는 세 척의 돛대가 아득했고 우리 앞의 돛대가 사라진지 얼마 지나지 않아 손에 잡힐 듯 후포항 등대가 1시 방향에 서 있었다. 이미 시간은 저녁 여섯시에 이르렀고 무려 열네 시간의 거친 항해는 정박이란 마침표를 찍었다.

땅을 밟자 마치 배 위에 있는 것처럼 흔들거렸다. 서로를 격려하며 스텔라와 함께 모두 기념촬영을 했다. 며칠간의 항해로 까칠한 얼굴 위엔 덥수룩하게 수염이 잡초처럼 자라있었다. 선지국밥을 먹으며 항해를 마무리했는데 자줏빛 선지는 마치 지난 며칠간의 항해로 내가 쏟아낸 핏덩어리가 그대로 굳은 채 빠져있는 것 같았다. 바다가 고향이면서도 단 한 번도 바다 한복판 파도 위의 시간을 맨몸으로 경험하지 못했던 나에게 스텔라와 함께한 이번 항해는 잊을 수 없는 기억이 되어 파도칠 것이다. 며칠의 짧은 항해였지만 집으로 향한 길에서 나 또한 소설 『노인과 바다』의 마지막처럼 깊은 꿈에 빠졌고 비로소 노인이 꾸었던 사자 꿈의 비밀이 엿보였다.

어쩌면 나는 버지니아 울프처럼 해변에 서서 바라보는 등대를 향한 바다의 노스탤지어에 혼자 허우적거린 것인지도 모른다. 그것은 끝없는 죽음과 영원에 대한 상념의 연속이기도 하다. 바람과 파도가 살아있는 항해, 그것은 내가 살아있음을 확인하는 것이다. 날마다 살아있다고 말하면서 느낄 수 없는 '이미지의 바다' 가 시뮬레이션처럼 전개되는 뭍의 삶을 떠나 순간이 신화가 되고, 전설이 되는 바다의 운명에 조각배가 되어 돛을 올리고 싶다. 선실 속에 안주한 채 작은 유리창으로 바다를 보는 게 아닌 갑판 위의 선원이 되어 순풍보다 오히려 세차게 불어오는 역풍에 모종의 희열감을 느끼며 서 있고 싶을 뿐이다.

벌써 가슴의 바다엔 바람이 불고 파도가 일렁이고 있다. 다시 돛을 올려야겠다.

부산에서 하루를 걷다

무작정 떠나기로 했다. 배낭에다 카메라 하나와 양말 한 켤레, 셔츠 하나만을 챙겨 대전역으로 향했다. 하지를 앞둔 탓에 일곱 시가 넘었지만 역 광장은 훤하게 밝은 한낮의 그림자가 분주하게 오고갔다. 스무 몇 살 시절 오랜 지기 知己들과 함께 밤기차를 타고 무작정 떠난 이후 얼마만인가. 지금은 사라진 파란색 좌석의 비둘기호나 초록색 통일호에 청춘을 싣고 낙동강을 따라 흘러갔다면 오늘 나는 KTX라는 영문 첫 글자처럼 아무것도 연상되지 않는 고속열차가 순식간에 나를 부산까지 데려다 주었다.

어둠 속이지만 차창 밖으로 낙동강이 바다와 만나고 있음을 감지할 수 있었다. 짭조름한 기운이 스미는 구포역은 철없던 시절 밤을 지센 곳이기도 하다. 그 시절엔 역을 빼고는 보안등 불빛만이 어둠을 밝혔지만 도시는 아메바처럼 여기까지 뻗어 갖가지 네온이 별빛을 대신하고 있었다. 부산역을 알리는 특유의 안내 방송에 열차는 달리기를 멈추었다. 플랫폼에 서자 이웃한 하역 부둣가에 분주하게 크레인들이 컨테이너를 들어 올렸다.

자동차를 타고 달리는 밤의 부산은 바닷가 쪽으로는 낮밤이 없고 뭍으로는 따개비처럼 산마루까지 삶의 둥지를 밝히고 있다. 굳세었던 금순이 시절의 영도다리나 산업화 시대의 부산대교는 마을 다리처럼 작아졌다. 은하수처럼 바다를 가르며 장관을 이루는 광안대교 위를 달리자 바다 위로 네온이 어른거리는 광안리가 넘실거린다. 초고층 아파트를 지나자 딴 세상마냥 불야성을 이룬 해운대가 노출이 심한 옷을 입고 엎어져 있었다.

초여름 해운대 백사장의 밤은 해무보다 짙은 매캐한 폭죽연기가 습한 날씨 탓에 백사장 아래까지 내려앉아 널브러져 있다. 자정이 이미 넘은 시간이었지만 바닷가 도로는 쌩쌩 달리는 자동차와 백사장 곳곳에 삼삼오오 둘러앉은 젊은이들이 청춘을 소리치며 밤을 쫓아내고 있었다. 급한 친구들은 바닷물에 뛰어들어 일탈의 최전선까지 나아가고 있었다.

백사장을 뒤로하고 달맞이길로 오른다. 어찌할 바를 모른 채 잠 못 이루는 해수욕장과 달리 바다를 마주한 언덕 위의 집들은 불이 꺼져 있었다. 멀리 광안대교와 해수욕장의 야경이 펼쳐있는 언덕 아래로 바다와 나란히 달리는 동해남부선 철길 위로 화물 열차가 달리고 있었다. 신라의 최치원崔致遠이 동백섬 바위로 유람을 왔다 이녁의 자字를 그대로 따다가 지었다는 해운대에 이제야 다다른 느낌이 든다. 달맞이길은 송정까지 열다섯 번이나 굽은 고갯길인데 이곳에서 바라보는 저녁달은 아름답기 그지없어 대한 팔경의 하나가 되었다. 비록 해월정에서 일출과 월출을 바라보지 못했지만 감히 상상만으로도 충분하다. 고갯마루에는 해마루라는 이름의 정자가 최근에 세워져 있는데 절벽 아래 청사포와 멀리 달맞이 언덕의 야경이 더없이 아름답다.

달맞이길 안내판에는 '동양의 몽마르트 언덕' 이라고 유난을 떨지만 사실 몽마르트에 올라본 나로서는 그런 문구에 쉽게 동의할 수 없다. 둘은 전혀 다른 풍경이며 늘 남의 이름을 내세워 나를 추켜세우는 것은 결국 아류에 불과하기 때문이다. 우거진 나무와 조용히 자리 잡은 카페와 갤러리들. 사시사철 걸어도 좋을 길에는 곳곳에 긴 의자가 쉴 만한 곳이 되어 바다 저편을 바라보게 한다. 모든 걸 멈추고 싶을 만큼 좋은 곳이 이곳 달맞이길이다.

아침에 창을 열자 바다는 무겁게 가라앉아 있었다. 백사장은 오히려 아침에 잠이 들었다. 빗방울이 제법 굵은지 우산을 든 사람이 잠든 지 얼마 되지 않은 해수욕장을 걷고 있었다. 우산을 받친 젊은 여자는 혼자 그 어떤 상념을 백사장에 몰래 버리고 있는 듯했다. 아마 그런 그녀의 심정을 아는지 빗방울은 더욱 굵게 떨어져 그녀의 자취를 지우고 있었다. 아침에 해운대를 배회했던 나는 미처 우산을 준비하지 못했던 탓에 머리에 가방을 이고 해운대역으로 뛰었다.

지하철을 타고 한참을 달린 후 나온 지상은 남포동 거리였다. 가로 정비를 한 탓에 깨끗했다. 비가 내리긴 했지만 걸을 만했다. 용두산 공원에 오르는 길, 지붕처럼 덮은 은행나무는 오랜 시간 동안 깊이 뿌리내리고 있었다. 전망대에 오르자 구름에 얼굴을 가린 영도가 나를 마주했고 이편저편으로 펼쳐진 항만의 하역작업과 조선소, 그리고 어선들이 들어선 바다가 한눈에 들어온다. 가마솥처럼 솟은 산자락으로 다닥다닥 붙은 집들은 삶의 가파른 오르막과 생의 골목들을 혈관처럼 선명하게 지니고 있었다.

그저 바라보았던 남포동 거리와 국제시장 골목을 인파 속에 나를 맡긴 채 무작정 걸어보았다. 시끄러운 부산 사투리와 가파른 골목길, 낡은 간판들이 도심 한복판의 풍경을 차지하고 있다. 사진작가 최민식의 흑백사진 속에 나온 사람들이 세월의 옷을 갈아입었지만 여전히 흑백사진처럼 내 앞에 인화되어 분주히 오고가고 있었다.

사진 속의 사람들이 정지된 순간에서 자유롭게 움직이고 있었다면 반대로 사물들은 시간과는 상관없이 그대로 정지해 있다. 헌책방도 그러했다. 보수동 헌책방 골목은 두 사람이 다닐만한 좁은 골목에 켜켜이 쌓인 책들의 벽이었다. 부산의 기억은 개항 시절과 함께 육이오 피난 시절을 그 출발점으로 삼는 게 대부분이다. 보수동 책방골목에서 규모로나 이력으로도 첫손에 꼽히는 대우서점에 들렀다.

맨 먼저 시집이라 적힌 서가에 쪼그리고 앉아 살펴보는데 반가운 책들이 제법 보였다. 눈길이 머물기 어려운 바닥 쪽에 대학 1학년 시절 가장 좋아했던 고은 시인의 전집 일부가 보였다. 청하출판사에서 일했던 시인 장석주張錫周가 당시 60여 권을 목표로 고은 시인의 전작을 정리하는 일을 벌였는데 승려로 한때를 살았던 고은 시인의 초기 시들을 엮어놓은 것들이 누렇게 바랜 책등을 내게 보이며 우두커니 꽂혀 있는 게 아닌가! 『문의 마을에 가서』, 『대륙』 등이 내 손에 쥐어졌다. 당시에 그 전집 가운데 『해변의 운문집』 1권만을 구입했고 몇 해 지난 후 나머지를 구하려하자 절판이 되어 구할 수 없었던 시집을 근 이십 년이 넘어서 구한 것이다. 이 밖에도 내가 찾았던 홍성사에서 나온 지휘자 앙세르메E. Anserme의 음악에 관한 에세이 『20세기 음악의 위기』와 『섬』으로 유명한 장 그르니에J. Grenier의 절판된 산문집 『모래톱』과 『인간에 관하여』는 내겐 더없는 선물이었다. 헤세H. Hesse의 『청춘의 도망』이란 시집까지. 눈에 들어오는 책은 더 있었지만 몇 권을 더해 값을 치렀다.

보수동 헌책방 골목은 두 사람이 다닐만한
좁은 골목에 켜켜이 쌓인 책들의 벽이었다.

책방 나들이는 언제고 아쉬움이 남지만 마냥 책 속에만 묻힐 수 없는 법. 얼마 간 골목을 따라 걸으며 택시를 붙잡는다. 하지가 지난 탓에 저녁이란 느낌은 여전히 멀지만 시계가 정해 놓은 시간은 나를 바싹 따라잡고 있었다. 택시를 타고 부산역에 도착해서 표를 끊고 열차에 오른다. 금요일 저녁에 내려와 꼬박 하루를 부산에서 보내고 돌아오는 길, 태종대, 범어사, 동래는 근처에도 못 갔지만 무작정 계획 없이 훌쩍 떠나보는 여행의 자유로움이 얼마만인가? 다음엔 범어사와 동래를 다녀오고 싶다. 사직구장에 가서 부산 사람들과 「부산 갈매기」도 부르며 그들의 왁자지껄한 삶에 한 번 취해보고 싶다.

낙동강을 거슬러 돌아온 집에서 몇 장의 사진 속에 문득 떠오른 시집 한 권이 있었다. 부산 출신의 시인이자 러시아문학 번역가이기도 했던 구자운具滋雲의 시집 『벌거숭이 바다』였다. 유약하지 않은 묵직한 톤이 한낱 표피적 아름다움에 머물지 않고 바다 저 속에 도사린, 도저到底한 기운이 살아있는 시이다. 뭍과 물이 뒤엉켜 빚어낸 부산에 아마 조만간 다시 내려가게 될 것 같다.무작정 말이다.

벌거숭이 바다

비가 생선 비늘처럼 얼룩진다.
벌거숭이 바다.
괴로운 이의 어둠 극약劇藥의 구름
물결을 밀어 보내는 침묵의 배
슬픔을 생각키 위해 닫힌 눈 하늘 속에
여럿으로부터 떨어져 섬은 멈춰 선다.
바다, 불운으로 쉴 새 없이 설레는 힘센 바다
거역拒逆하면서 싸우는 이와 더불어 팔을 낀다.
여럿으로부터 떨어져 섬은 멈춰 선다.
말없는 입을 술한 눈들이 에워싼다.
술에 흐리멍텅한 안개와 같은 물방울 사이
죽은 이의 기旗 언저리 산 사람의 뉘우침 한복판에서
뒤안 깊이 메아리치는 노래 아름다운 렌즈
헌 옷을 벗어버린 벌거숭이 바다.

옛 그림 속으로

시간이란 강물은 멈추지 않고 흐른다. 고대 그리스 철인의 말처럼 "인간은 같은 강물에 두 번 목욕하지 않는다." 그러나 시간의 강물 속에 흐르지 않는 강가의 사물들은 기억의 풍경으로 남아있다. 사람의 손이 닿은 모든 사물은 그 순간부터 자연의 알몸에서 문명과 역사의 옷을 입게 된다. 물론 시간의 강물 속에 그 옷은 남루한 모양새를 가지지만 먼 훗날 풍경의 순례자는 과거와 현재 심지어 미래까지 한 편의 파노라마를 그리게 된다. 강경은 이를 그대로 보여주는 곳이다.

마지막 겨울 추위가 휑한 논산평야 위로 불던 날, 차를 몰아 강경으로 향했다. 강경 읍내는 온통 경찰서와 법원 이전 반대에 관한 목소리로 펄럭이고 있었다. 간혹 쓴웃음을 자아내는 문구들이 고만고만한 가로의 상점 간판보다 볼거리를 주는 것 같아 고맙기도 했다. 어쩌면 현수막을 내건 마음의 절박함과는 따로 노는 구경꾼 같아 움찔거리기도 했지만.

강경은 행정 구역으로는 충남 논산시 강경읍이지만 어딘가 느린 말투의 충청도가 아니다. 읍내 한복판을 빠지자마자 "안녕히 가십시오. 논산시"라는 문장과 "어서 오십시오. 익산시"라는 문구의 교차에서 경계는 허공의 바람에겐 아무 의미가 없다. 전라도 익산의 인사말이 채 가시기도 전에 갈색 표지판에 '나바위 성지'라고 적혀 있고 화살표가 가리키는 오른쪽에 언덕이 보이고 작은 십자가가 보인다.

나바위 성당은 서해에서 금강을 거슬러 강경포구로 향했던 길목에 있다. 서녘에서 돌아온 김대건金大建 신부 일행이 배에서 내려 처음 이 땅을 밟은 곳이다. 그것을 기념하여 1897년부터 성당을 짓기 시작하여 1906년에 완공된 성당이다. 전면부와 종각은 명동성당과 닮아 있지만 측면과 지붕은 전통 한옥의 모습을 간직한 유일한 성당이기도 하다. 이는 초기 기독교의 선교 과정에서 토착문화와의 조화가 중시되고 있음을 볼 수 있는 부분이다. 특히 전통한지에 채색을 입혀 그린 그림을 그대로 창호에 붙이고 팔각창문으로 은은하게 들어오는 자연채광은 스테인드글라스의 한국적 재현이란 점에서 인상적이었다. 백 년이 넘은 성당에서는 신자들과 함께 젊은 신부님이 말씀을 나누고 있었다.

성당 뒤편에는 나바위란 이름의 유래를 알 수 있을 만큼 큰 바위가 있었다. 바위산 정상의 망금정에 서면 강경 포구는 물론 일대 평야가 한눈에 들어온다. 그 모든 것을 볼 수 있는 길은 '십자가의 길' 을 따라 올라가는데 예수의 수난이 바윗돌에 부조로 새겨져 있다. 모든 것을 헤아려 깨닫는 과정은 결국 시지프Sisyphe와 같이 무거운 바윗돌을 굴리고 올라가는 자만이 볼 수 있다는 가르침이 성구처럼 가슴에 새겨진다.

다시 강경 읍내로 돌아오면 옥녀봉이 옛 강경 포구를 내려다본다. 봉우리라고 하지만 작은 동산과도 같은 이곳은 이 일대 평야에서는 가장 높은 봉우리이기도 하다. 그래서 봉수대가 있었던 자리였고 지금은 옛 포구와 함께 산책로를 갖추고 공원화되어 있다. 정상에는 수령이 200년 넘은 느티나무가 있고 그 아래 곰바위란 이름의 바위가 풍화되어 엎드려있다. 공원 주차장 바로 앞에는 우리나라 최초의 침례교회 자리임을 알리는 표지가 있다. 그런데 안타깝게도 교회는 일백 년의 역사라는 설명과는 달리 흉물스런 폐가일 뿐이었다. 그뿐 아니다. 옥녀봉으로 오르는 길에는 북옥감리교회가 있는데 한옥으로 세워진 이 교회 또한 일부가 개보수를 하면서 원형을 훼손했다. '근대문화유산' 이란 문패 하나만이 새시와 벽돌 사이에 붙어있는 기도와 찬송 소리가 멈춘 텅 빈 교회일 뿐이다.

나바위 성당과 비슷한 나이를 먹은 이들 교회가 내게 던지는 질문은 무척이나 컸다. 같은 시간을 보내고도 어떤 건축물은 공간 안에 세월의 물살에 흐르지 않고 남아있는 정신의 온기가 느껴지는데 어떤 것은 냉랭한 공기와 굳게 잠긴 자물쇠가 전부일까 하는 점이다. 그 어떤 유적도 사람의 손길이 닿지 않으면 당대의 사람들에게 기억되는 것이 아님을 깨닫게 한다. 역사도 마찬가지다. 호흡 되지 못하면 그것은 미라에 불과하다는 것이다. 이는 우리가 찬란한 문화전통을 강조하고 복원하는 데 있어 무엇에 초점을 맞추어야 하는지 말해준다. 특정 종교의 문제가 아니라 지난 몇 십 년간 우리는 옛것 속에서 참된 가치를 부활시키려 하기보다 더 크고 높은 바벨탑을 짓는 일에 몰두했다. 그러나 바벨탑의 종국은 자멸이었다.

옥녀봉을 내려와 옛 강경 시내를 걷는다. 1,2,3 숫자가 검은 페인트로 그려진 함석을 하나씩 맞추어가며 닫았던 가게문짝이며 양화점 건물. 유리문을 빗장처럼 가른 은색 봉이 손잡이가 되었던 문들이 아직 남아 있는 거리엔 왕래하는 발길이 뜸하다. 옛 조흥은행 건물은 폭격을 당한 듯이 우두커니 서 있었는데 빨간 벽돌은 산화된 철빛으로 바랜 채 얼마나 갈지 위태로워 보였다. 집채만 한 젓갈 가게 간판의 위세만 남아 옛 기억은 볼품없이 웅크리고 있을 뿐이었다.

꼬르륵거리는 배를 달래려 골목 한 귀퉁이에 있는 태평식당의 문을 열자 손님들의 어지러운 신발들이 맛이 변함없다는 사실을 증명해준다. 뒷방에 자리를 잡고 앉아 시킨 복 해장국. 강경은 금강 물길을 따라 이 나라 곳곳의, 심지어 나라 밖의 물산만이 모인 곳이 아니라 갯물과 민물의 교차로 인해 풍부한 어족을 자랑했다. 그 가운데 하나가 복어인데 특히 이곳 강경은 황복으로 유명한 곳이다. 아직도 포구 자리 강변에는 복집들의 원조와 이력을 자랑하는 간판이 제법 된다. 태평식당을 찾는 이들은 대부분 복 해장국을 찾는데 붉은 국물에 살이 두둑한 밀복 온 마리가 푸짐한 상차림이다.

속을 채우고 읍내를 빠져나가는 다리에서 강경천 둑길을 따라 잠시 달린다. 포장이 안 된 둑길을 좀 달리면 미내 다리가 둔치에 반달이 엎드린 것처럼 누워 있다. 미내 다리는 조선 영조 때 세워진 평교로 삼남 제일의 대교였으나 무너지고 남아있던 옛돌 일부와 지금의 화강석을 가지고 다시 그 자리에 무지개 모양의 다리로 세워져 있다. 약속을 어긴 친구와의 전설이 다리를 찾아온 이에게 재미있는 이야기를 전해 줄 뿐이다. 안타까운 것은 둔치 잔디 위에 다리가 있어 건널 수 없는 강물을 이어주는 다리 본연의 역할은 느낄 수 없다는 것이다. 대보름에 다리 밟기를 하며 액막이를 한다는 옛이야기도 군색스러울 뿐이다.

강경은 예나 지금이나 그 자리에 있다. 허리를 감싸고 흐르는 금강 물만이 바다로 흘러가 돌아오지 않을 뿐이다. 읍내 한복판에 여전히 사람들은 옛 시절의 지붕을 이고 살고 있다. 그러나 정작 가로의 사지四肢가 잘린 오랜 플라타너스처럼 살아있지 못한 기억과 돈 된다는 젓갈 간판에 짓눌린 근대문화유산이란 딱지는 더는 버틸 힘이 없어 보인다. 나바위 성당 하나 빼고 목숨만이라도 부지할 수 있는 것들이 얼마일까 생각하는 것이 나만의 호들갑일까? 책 속에 강경이 그랬다고 말한다 해도 이미 눈으로 보지 못하는 대개의 사람에게 실체가 없는 역사는 공허할 뿐이다. 문화재 발굴 현장에서 한 조각 한 조각 짝을 찾아 맞추는 노력으로 본래의 모습을 찾아주듯 강경 포구의 수많은 옛 기억의 그림 속으로 들어가고 싶다.

그림

신경림

옛사람의 그림 속으로
들어가고 싶을 때가 있다.
배낭을 멘 채 시적시적

걸어들어가고 싶은 때가 있다
주막집도 들어가 보고
색시들 수놓는 골방문도 열어보고
대장간에서 풀무질도 해보고
그러다가 아예 나오는 길을
잃어버리면 어떨까
옛사람의 그림 속에
갇혀버리면 어떨까
문득 깨달을 때가 있다
내가 오늘의 그림 속에
갇혀 있다는 것을
나가는 길을 잃어버렸다는 것을
두드려도 발버둥쳐도
문도 길도
찾을 수 없다는 것을
오늘의 그림에서
빠져나가고 싶을 때가 있다
배낭을 메고 밤차에 앉아
지구 밖으로 훌쩍
떨어져 나가고 싶을 때가 있다

성소에 가슴을 묻다

몇 번의 찬바람에 가을은 너무도 무심히 가버렸다. 황금빛 은행잎과 가로의 플라타너스 낙엽이 제멋대로 나뒹굴다 어느새 길섶에 수북하게 쌓여있다. 오랜 친구의 속상한 사정 이야기에 지쳐있던 며칠을 뒤로 물리고 더벅머리를 가르며 지나는 바람이 인도하는 곳으로 떠났다.

온통 도시개발에 몸살을 앓고 있는 아산을 지나 예당평야로 이어지는 아산 인주 벌판엔 바람의 가림막이 될 높은 언덕 하나 없이 휑하다. 코 앞 서해바다 물결로 펄럭이던 깃발 같은 바람의 수신호에 벌판의 한쪽 야트막한 언덕에 홀로 서 있는 성당의 첨탑이 보였다. 나도 모를 안도감 같은 것이 가슴 한편에서 일어난다.

언덕배기에 자리한 성당을 향해 완만한 오르막을 걷는다. 오랜 수령의 느티나무들이 잎사귀가 다 떨어진 채 우람한 줄기를 내보이며 무덤덤하게 침묵하고 있었다. 키 작은 수녀 두 명의 뒷모습에 나도 모르게 눈이 간다. 도회의 미끈한 다리를 지닌 젊은 여성을 자연스레 훔쳐볼 때처럼 똑같이 눈길이 머물지만 애당초 수녀의 뒷모습은 육체가 만들어내는 아우라가 아닌 경건한 삶의 결정이 발하는 빛 같은 것이다. 어둑한 일상에 지친 내가 걸어가면서 반짝이는 수녀에게 눈을 떼지 못한 이유는 나의 목마름을 적셔 줄 무언가를 기대하기 때문이다.

사실 종교는 여성적이며 여성은 종교적이다. 수태受胎는 여성의 본질적 모습이다. 마리아의 수태는 사막보다 더 무서운 율법 사회에서 스스로 자기무덤을 파는 일이다. 그러나 '하늘의 뜻' 임을 알기에 의심 없이 자기 몸을 내고 받아들인다. 여성은 몸 밖의 씨앗을 몸속의 대지에 품고 마침내 생명의 귀한 열매를 탄생하는 존재이다. 그리스도의 열 두 제자는 모두 남자였지만 정작 십자가의 길에는 남자들은 스스로의 행위를 부인하였다. 그 길에서 애통해했고 무덤에 맨 먼저 달려간 이들 또한 여자이다.

남녀 사이의 양상도 이와 다르지 않다. 알몸의 사랑 후에도 남자는 담배 연기를 내뿜으며 쉽게 그 자리를 일어나지만 여자는 그와 달리 하얀 리넨으로 자신 안에 들어온 모든 것, 심지어 체취마저 감싸 안으며 머문다. 설령 눈을 뜨고 일어나 보면 에릭 호퍼E.Hoffer의 그림처럼 혼자 남겨진 방에서 눈물

을 흘릴지언정 스스로가 품은 사랑의 씨앗을 원망하지 않는 것이다. 애초부터 눈물로 자기 씨앗을 키우는 존재가 여자이기에 그녀들은 자신보다 더 큰 사랑의 존재를 찾는다. 그것이 그리스도이다.

내가 공세리 성당을 찾은 것도 그런 이유와 비슷하다. 나 말고도 성당을 찾는 발길이 몇 있었다. 대부분 여자였다. 미사를 드리고 나오는 성도들도 모두 여자였다. 동굴처럼 만들어진 성체 조배실에서 홀로 침묵하며 무릎을 꿇고 있었던 사람도 모두 여자였다. 우두커니 십자가를 바라보며 앉아 있을 때 들어온 한 남자도 기골이 장대한 사람이 아니라 보살핌이 필요한 아이처럼 약해 보이는 여자 같았다. 성당 안 전면에 옛 글씨로 "수고하는 자와 무거운 짐 진 자는 내게 오라. 내 너희를 도우리라"는 성구는 성소에 무릎을 꿇는 이들이 누구인가를 말해 준다.

성당보다 더 숱한 세월의 풍파를 견인하며 서 있었을 팽나무가 내 목을 꺾어 우러러보게 한다. 계단을 올라 미사가 끝난 성당 안은 스테인드글라스를 통해 성화된 바깥의 빛이 늘어선 기둥에 닿아 성당 안을 따스하게 데운다. 그리스도의 수난이 새겨진 스테인드글라스는 밖에서는 그 형상이 뚜렷하지 않지만 성소 안에 들어와 무릎을 꿇으면 그 환한 빛의 실체를 알 수 있는 것은 눈에 보이지 않는 것, 들리지 않는 거룩한 비밀을 고백하고픈 신앙의 소산일 것이다.

성당 뒤로는 '십자가의 길'이 있다. 수난자 그리스도의 가슴 아픈, 아니 너무도 위대한 사랑의 길이 14개의 조각으로 지날 때마다 발길을 멈추게 하고 묵상하게 한다. 그 길에서 하이든J. Haydn 의「십자가 위의 일곱 말씀」이 들리고 페르골레시G. Pergolesi의「스타바트 마테르Stabat mater」가 들린다. "아, 목이 마르다"라는 예수의 고통과 슬픔에 빠져 아들의 죽음을 보는 성모의 슬픔이 아로 새겨져 있다. 십자가의 길이 끝난 바로 그곳에 이곳 공세리 성지에서 순교한 박 씨 삼형제를 비롯한 무명의 성도들을 기념하는 현양탑이 붉은 부조浮彫로 경건하게 침묵하고 있다. 성당 뒤에는 300백 년이 넘은 느티나무가 마당 한쪽을 다 차지한 채 가지를 뻗고 있다. 옛 사제관 건물은 백 여 년 전 지어진 다른 성당의 것과 크게 다르지 않아 보인다. 지금은 박물관으로 사용되고 있다.

기념관에 들러 초를 샀다. 가방 안에 넣어 집에 가서 혼자 내 방안에다 불을 끄고 피워두고 싶었다. 성당이 있는 언덕 바로 아래는 새로 난 길에 수많은 차들이 쌩쌩거리며 지나간다. 성당이 있는 언덕은 마치 섬처럼 고요하다. 성당이 있는 언덕이 나 자신이라면 내 주변은 성당 밖의 질주하는 도로와 개발에 파헤쳐진 요즘이다. 하지만 성당은 말도 없이 그 모습을 그대로 간직하며 하늘을 향한 밝은 빛을 좇아 무릎을 꿇고 기도한다.

다사다난했던 한 해가 저무는 석양빛이 서해 저편으로 붉게 드리운다. 지친 삶의 영혼뿐만 아니라 내가 디디고 선 이 땅에 심지어 포성마저 일고 있다. 평화를 잃어버린 우리는 위로해 줄 누군가를 찾고 기다리고 있다. 서녘으로 향한 저물녘의 시간이 내 앞에 있고 나 또한 기도의 시간 속에 가라앉아 있고 싶다. 어둔 밤이 밀물져오면 누구나 안식의 자리를 찾는 것이다. 마음이 몸을 이기지 못하는 것처럼 앞이 캄캄한 순간, 인간은 스스로를 밝혀 줄 빛을 찾아 나서는 법이다. 종교는 교리도 아니며 쌓아올린 첨탑도 아니다. 황량한 벌판 위 하늘 가까운 곳에 성소를 짓고 아픈 상처를 위무慰撫하는 치유의 기적을 고대하는 갈망의 현현顯現인 것이다.

상처 받은 내 친구의 가슴을, 훌쩍 이승을 하직하고 가버린 이의 영혼을 위해 나는 암굴에서 눈을 감았다. 속절없이 가버린 어둔 내 청춘과 쉼 없는 파도처럼 이어지는 일상에 지치고 주린 나를 위해 속으로 울었던 것이다. 나를 안아줄 수 있는 당신의 품이 바로 나의 성소가 되어 팔을 벌린 채 그렇게 서 있었던 것이다.

삼월, 춘설 그리고 동백

삼월은 누가 뭐래도 봄의 전주곡이다. 고전음악으로 표현한다면 그것은 음산한 겨울의 여운이 짙게 깔린 아다지오로 시작해 이내 봇물처럼 터지는 알레그로의 계곡과 긴 잠에서 깨어나는 자연의 눈뜸이 환희로 만개하는 짧지만 봄의 전모가 축약된 시절임에 분명하다.

그래서 삼월은 어느 때보다 본능적이다. 봄 춘春자가 일으키는 에로틱은 뭇 생명의 가슴에 바람을 일으킨다. 겨울의 차가운 기단을 몰아내는 마파람의 투쟁은 머리칼을 통째로 흔들고 땅을 향해 쏟아져 있던 머리카락을 바람의 끝을 향해 일으켜 세운다. 그런 탓에 생명을 잉태하는 여성적 존재는 모두 봄바람에 술렁인다.

피카소P. Picasso의 그림 「해변을 달리는 두 여인」처럼 삼월은 살아있는 존재를 반라半裸의 상태로 만든다. 주체할 수 없는 육체는 해변이든 들판이든 막힘없는 공간으로 뛰쳐나가 고개를 젖히고 푸른 하늘 너머의 환상 속으로 빠져든다. 그 순간, 몰아沒我의 체험은 새로운 생을 잉태한다.

봄春은 봄見이다. 묵은 계절이 다하고 새로운 계절의 싹틈은 미미하지만 숱한 전조前兆가 있다. 그것을 볼 수 있는 자는 눈뜬 자이다. 볼 견見자의 모양을 따져보면 사람의 형체 위에 눈目이 강조된 모양이다. 그렇다면 달력상의 삼월은 애당초 의미를 지니지 못한 숫자에 불과한 것이다. 낫 놓고 기역자를 못 읽는 이에게 낫이 무슨 의미를 지니겠는가. 삼월이라 해도 봄의 전주곡을 듣지 못하는 귀와 자연의 깨어남을 바라볼 수 없는 눈 뜬 장님 신세에게 삼월은 아무 의미 없이 지나가는 열두 달 가운데 하나의 달일 뿐이다.

삼월은 열두 달 나무의 눈芽이다. 나무 가지에 막 돋아나는 싹을 눈이라 부른다. 겨우내 뿌리 밑에서부터 모아두었던 기운이 눈을 통해 돋아나고 일단 새 세상을 만난 싹은 하루가 다르게 자라 앙상한 겨울의 육신을 신록으로 옷 입히고 태양의 계절에 온몸을 불태우며 성장한다. 마침내 황금의 계절을 노래하며 과육을 대지에 되돌리고 죽음의 계절 앞에 후회 없이 홀로 선다. 그리고 또다시 삼월의 부활을 꿈꾸는 것이다.

삼월은 몸으로 느끼는 달이다. 삼월이 다했다고 낙담할 필요는 없다. 나

는 지금 겨우내 닫아둔 창을 열고, 아니 문을 열고 땅이 보이는 어디라도 가서 흙냄새를 맡은 다음 만져 보려한다. 터진 봄꽃의 눈망울과 마주쳐 보고, 명주바람을 가르며 날아가는 새들의 노래 소리가 잠든 나를 흔들어 깨우는 삼월의 몸짓임을 느끼려고 이미 두꺼운 겨울옷을 벗어던지고 달려가고 있다.

춘설春雪이 내렸다. 올봄은 유난히 봄눈이 자주 온다. 다른 사람들은 어떨지 몰라도 나는 하얀 강아지처럼 내린 눈이 만든 풍경 속에서 마냥 즐거운 표정의 눈사람이 되어 뛰어다닌다. 솜이불을 덮어 쓴 봄이 오는 길목은 마치 지나간 겨울을 되돌아보는 모습으로 서 있다. 누구나 가버린 세월에 대한 미련이 없겠는가마는 회한마저 소담스레 안아주는 춘설이었다.

가야금의 명인, 황병기黃秉冀의 「춘설」이란 곡이 있다. 가야금 소리로 눈이 오는 이른 봄의 마을 풍경을 그린 동심어린 곡이다. 고요한 아침의 나라가 가야금 소리 속에 펼쳐지면서 아무것도 바랄 것 없는 소박한 선율이 평화롭게 울린다. 그리고 그 안에 숨겨진 신비로움이 흐르다 흩날리는 눈발처럼 가야금 소리가 퉁겨지고는 아이들의 해맑은 얼굴로 익살스럽게 끝을 맺는다. 이곡을 듣다보면 가야금 소리를 따라 나는 왁자한 인간시장 한복판에서 산방의 툇마루 가에 우두커니 앉아 있게 된다.

그러나 춘설은 말 그대로 '봄눈 녹듯' 사라졌다. 아침에 소복하게 쌓였던 눈이 한낮으로 시계바늘이 움직이자 가지마다 음표처럼 물방울이 매달려 있다. 춘설은 봄을 시샘하는 겨울의 장난이 아닌 자기 운명의 다함을 받아들인 겨울의 마지막 축복인 것이다. 춘설은 더 이상 대지를 동토로 덮는 일이 아니라 메마른 땅을 촉촉이 적셔주는 봄비였던 것이다. 눈이 그치고 촉촉하게 무른 땅 위에는 몰라보게 푸른, 이름 없는 초록의 새살이 돋아나고 있던 것이다.

동백이 붉은 입술을 깨물었다. 화신花信의 삼월이 오기 전, 사랑이 금지된 겨울, 저 혼자 먼저 피어난 비올레타Violeta의 운명이다. 그녀는 모두가 축복의 계절을 노래할 때 혼자 마지막을 한 몸에 부르짖다 쓰러진 슬픔이다. 겨울날이라도 따스한 남녘의 햇살은 마음의 아랫녘을 부풀린다. 겹겹이 포갠 사랑의 꽃잎은 흰눈 속에서도 더더욱 붉게 피어나 베르사유의 정원을 이룬다. 국토의 아랫녘에서 감당할 수 없는 붉은 기운은 타오르며 북상하지만 그녀는 서천 마량리에서 북한계선을 긋고는 마침내 붉은 숲의 최후를 맞이한다. 그것은 한 시절의 우연이 아닌 필연이었다.

국토의 막내 울릉의 전설을 들어도, 이미자의 「동백 아가씨」를 불러도 하나같이 동백은 '도려낸 가슴'의 여인이다. 가슴은 여인의 전부이다. 사랑받지 못한 '멍든 가슴'은 그 무엇도 잉태할 수 없는 여자의 운명, 바로 동백꽃이다. 그래서 동백의 삼월은 안타까운 슬픔이며 끝내 죽음이다. 그래서 나는 붉디붉은 동백꽃이 온몸으로 자신을 지상으로 내던지는 삼월, '봄의 제전'에 뿌려진 붉은 피 냄새를 맡게 되고 '어린 양'의 몸짓을 발견한다. 삼라森羅가 다 이같이 슬픔과 기쁨의 찰나로 직조된 탓에 삶의 옷도 숱한 감정의 구김을 지닌 것이다.

삼월이 오고 삼월이 가듯, 춘설이 내리고 녹듯, 동백이 피고 지듯, 나도 오고 나도 가는 것이다.

여름 어느 날, 소나기 내리다

"양구, 한 장 주세요."

토요일 오전, 시외버스 터미널 매표소에서 내 앞의 스무 살 또래의 아가씨 목소리가 아직 생생하다. 양구행 버스가 더 없다는 매표원의 말에 대신 춘천행 표를 한 장 끊었던 아가씨는 매미 소리보다 더한 터미널의 오고가는 숱한 소음에도 혼자 어떤 행복감을 느끼는 눈빛으로 버스가 오기를 기다렸다. '양구' 라는 지명은 내게 그녀가 무슨 이유로 그곳까지 갈까 하는 짐작을 상상할 기회를 주었다. 분명 군에 간 애인을 면회 가는 길이겠지. 시간이 차면 떠나고 다시 다른 행선지의 푯말을 단 버스가 차오른 가슴의 사람들을 태우고 있었다. 온 통 푸른 산에 둘러싸인 첩첩의 오지까지 그녀들이 가서 만나기 원하는 것은 무엇일까. 꼬박 하룻밤을 지내야 돌아올 수 있는 길을. 그녀가 오른 커다란 춘천행 버스가 떠나자 파란 하늘 저편엔 하얀 뭉게구름이 피어오르고 있었다.

당대唐代 자연파 시인 왕유王維의 시구처럼 "괜히 들뜬 마음이 찾아오면 나는 매번 혼자 가게 된다.興來每獨往" 더군다나 한여름의 꿈처럼 허망한 줄 알면서도 온 하늘을 채우며 차오르는 뭉게구름의 인상은 버선발로 마중 나온 새색시만큼 나를 사로잡는다. 모른 척하며 아무도 없을 '무진장茂鎭長' 깊은 산중으로 데리고 가야지 하며 차에 오른다.

적상에서 안천으로 넘어가는 차창 밖으로는 온통 푸르른 산들이 그 속을 채우며 흔들리는 푸른 옥수수와 속살 같은 잎사귀의 뒷면을 내비치며 흔들거리는 활엽의 교목들이 살아있는 풍경을 만든다. 멀리 내다보이는 고개 끝에는 잔뜩 일어난 먹구름이 소나기를 부르고 있었다. 고갯마루를 내려서면서 우두두 내리는 소나기는 거세지고 몸 안의 숱한 감각의 실개천도 이내 불어 콸콸 소리를 내며 흐른다. 내리쬐는 구름 사이의 햇살과 뜨거운 땅을 적신 입김처럼 운무가 산자락을 훑어 내린다.

고개를 넘자 도로는 하얗게 말라 있었다. 고갯길 아래 용담호 세동 마을의 길은 닭 울음이 들릴 정도로 고즈넉했다. "아!"하는 탄성만을 허용하는 풍경화 한폭이 펼쳐졌다. 물 건너 저편 아득한 산맥의 실루엣 위로는 또 하나의 파란 바다를 가득 채운 구름의 포말이 일어나고 물가엔 제멋대로 자라도 흠잡을 데 없는 풀의 나라가 펼쳐져 있다. 물 한가운데는 과거 수몰의 흔적을 보여주는 도로가 섬이 되어 있었고 한동안 가라앉아 있다 물 위의 나라를 훔쳐보는 잠망경처럼 전신주 하나가 호수 가운데 덩그러니 서 있었는데 잠겨있는 시간 아래로 내 시선을 끌어당긴다.

결국 차에서 내려 물결과 풀밭이 마주한 곳으로 무작정 가보기로 했다. 가늠할 수 없는 풀밭에는 콘크리트로 된 수몰지의 옛길이 있었다. 등 뒤로는 제법 땀이 흘렀다. 멀리서 보았을 때 마냥 초록의 땅이었지만 가까이 와보니 제각각 다른 모양과 빛깔, 심지어 누렇게 마른 풀에다 수숫대를 닮은 갈색 빛의 갈대 비슷한 것까지 산발을 하고 나자빠져 있었다. 그놈들은 마치 혹독한 겨울의 밤을 치른 채 그대로 굳어버린 게 아닌가 싶었다. 물가로 한참을 걷다 더 내려가면 물 속에 뛰어들 것 같은 두려움이 들었다. 게다가 호수 건너편에서 또다시 일어나는 검은 쌘비구름이 금방 쫓아와 유약한 내 멱살을 잡고는 물에 빠진 몰골로 만들 것 같은 생각에 호수 밖으로 달음질쳤다.

멀리 귀를 세운 마이산은 불투명유리 한 장을 눈앞에 대고 보는 것처럼 뿌옇다. 진안 읍내는 낮잠을 자는지 읍내 길은 썰렁하다. 읍내 로터리를 지나자마자 장대비가 곧장 세차게 쏟아 부었다. 정말 만만치 않게 내리는 빗줄기를 피하고 싶었다. 그때 바로 눈에 들어온 곳이 진안 어은 공소였다. 1866년 병인박해를 피해 첩첩산중으로 숨어들어온 신자들은 제일 먼저 성당을 지었다. 어은 공소는 정면 6칸 측면 2칸의 전통목조 가옥 형태를 취하고 있다. 지붕은 검은 점판암 판석으로 돌 너와를 얹었는데 빗물에 젖어 검은 빛이 생기가 있어 보였다. 성당 안은 질박한 산골의 조촐함이 순례자를 한동안 머물게 만든다. 수난자의 가슴을 위로했을 창호지를 통과한 희미한 빛이 잠시 감아 본 눈가를 어루만진다. 공소 입구엔 마리아가 기도를 했고 종탑 아래엔 장독 몇 개가 욕심 없이 놓여 있었다. 성당 안으로 들어가는 문설주 위엔 옅은 초록빛으로 바랜 옛 교우들의 사진 한 장만이 전부였다.

그러고 보면 이곳 진안 땅은 새로운 삶을 꿈꾼 자들의 피난처였다. 금강 상류의 물길이 휘돌아 마치 섬과 같은 상전면 죽도는 조선 선조 때 대동계를 만들었던 정여립鄭汝立이 역적으로 내몰려 피신했던 곳이다. 그러나 끝내 관군의 습격으로 1589년 스스로 목숨을 끊었던 소용돌이치는 역사마저도 삼키고 아무 말 없이 강물은 흐른다. 꿈은 꽃처럼 지지만 꽃을 향한 그리움은 지지 않는다. 그것은 꽃이 한 번 피었던 자리에서 마주한 이들의 가슴으로 이어져 마침내 지지 않는 꽃의 영혼으로 살아 체험의 공동체를 만드는 것이다. 빗줄기가 가늘어져 공소를 내려오면서 과연 나는 지금 무엇과 교감하는 영혼일까 물어보았다. 하지만 천천면을 넘는 고갯길 앞에 헉헉거리며 물음을 뒤로 미루고 말았다.

천천면을 지나 넓은 분지에 자리한 장계면이 갠 하늘 아래 고즈넉하다. 근 십여 년 전 여름날 종종 이곳까지 왔던 삶이 길가에 때 이른 코스모스처럼 웃는다. 지나온 길은 다 아름다운 법인지 몰라도 가난한 여름날의 일기는 그때 흘린 땀방울에 잉크가 번졌다 마른 채 불룩해졌다. 집재, 솔재를 넘어 무주로 가는 길 오른쪽으로 덕유산 자락이 농묵濃墨의 굵은 붓으로 시원하게 그어져 있다. 무주 안성을 지나자 다시 머리 위에까지 내려 낮은 먹구름이 심상치 않다. 아니나 다를까 앞이 보이지 않게 소나기가 쏟아졌다. 옥수수처럼 무성하게 차오른 가슴 속 뭉게구름을 일거에 꺾을 기세로 비는 무주까지 내렸다. 나무들도 몸서리를 쳤고 대다수는 소리까지 내지르고 있었다. 어둠보다 더한 빗줄기는 앞을 알 수 없게 만들었다. 이길 마음으로 가지 않는 게 상책이라고 스스로에게 다짐을 하니 한결 편했다. 무주 대신 금산이 얼마란 이정표가 보이면서 비는 다시 사라졌다.

서녘 하늘은 일몰의 전주곡치고는 너무 환했다. 뭉게구름과 소나기의 이중주가 연주된 여름 한낮 꿈의 홀에서 나와 일상의 따가운 햇살에 잠시 눈을 뜨지 못하는 사람처럼 멈칫했다. '나비의 꿈' 을 굳이 말하지 않아도 될 듯하

다. "자연의 아름다움을 괜히 스스로 알아勝事空自知" 훌쩍 떠난 길은 세상에 별 도움이 되지 않는 셈이다. 왕유도 내 나이에 자연의 도道, 곧 길에 빠져 "산중에 들어가 도회의 옛 친구에게 시를 부친다入山寄城中故人" '쓸모없음의 쓸모 있음無用之用' 이란 게 무엇인가. 삶이란 게 쓸모없는 숱한 것들이 때때로 쓸모 있음을 알아차리는 여정이 아닐까. 나 또한 여름 하루를 그렇게 보내고 돌아온 것이다.

양구로 간 그 아가씨는 지금쯤 무얼 하고 있을까. 아마 청춘의 소나기가 한바탕 쏟아지겠지. 괜히 궁금한 여름밤이다.

지워지지 않는 흑백사진

차창으로 궂은 바람에 날린 빗방울이 떨어지고 있었다. 자동차 스피커로 흘러나오는 슈베르트F. Schubert의 피아노 소나타가 빗방울 소리처럼 들렸다. 집을 떠나 동해를 향할수록 바람은 거칠어졌고 빗방울은 빗줄기로 바뀌었다. 선거가 끝난 다음 날이라 어지럽게 널린 현수막들이 흉물스런 소리로 귓전을 때렸다. 날씨처럼 심난한 마음은 비구름에 쌓여 허연 포말을 와락 쏟아내는 영일만을 보는 순간, 완전히 전복되어 버렸다.

'호미곶 해맞이 광장' 이라 적힌 이정표를 따라 영일만을 싸고 있는 해안도로까지 빗물과 함께 소금기가 가득한 바닷물이 물보라가 되어 퍼붓고 해안에 서 있던 내 얼굴마저 사정없이 때렸다. 바닷가 언덕을 메운 대나무들은 쑥대머리가 되어 무서운 소리를 내지르고 있었다. 회색빛 바다는 이빨을 드러낸 백상아리처럼 파도가 일어나고 있었다. 바닷가 마을은 을씨년스러웠고 가끔

씩 방파제를 넘어 오는 파도는 인간의 저항을 비웃고 있었다. 해안 곳곳에 보이는 초소와 철조망은 바다와 뭍을 가르는 전선前線처럼 팽팽한 긴장감을 이루고 있었다.

'한반도 최동단 호미곶'이라 새겨진 바위 앞에 서 있자니 바다 건너 수평선이 부옇게 밝아 오른다. 다행스레 비가 그치는 중이었다. 그러나 바람은 바다 한가운데로 돌출된 곳의 운명처럼 거셀 뿐이다. 아마도 100여 년 전 난파된 배도 호랑이처럼 포효한 바람 앞에 속수무책이었을 것이다. 그리고 러일전쟁 후 비록 일본인의 손에 의해 세워지긴 했지만 등대의 건설은 호미곶 앞바다에 뿌리를 박고 하늘을 향한 '상생의 손'처럼 자연에 대한 인간의 피땀으로 지어진 어둠을 가르는 문명의 빛이었다.

이 지방 어르신들의 기억에 지울 수 없는 사라Sarah호 태풍에도 등대는 꿋꿋하게 암흑의 중심까지 이르는 빛의 길을 열었다. 35킬로미터까지 전달되는 불빛, 그리고 짙은 안개에는 삶의 근기根基에서부터 올라온 무적霧笛이 가세하여 난바다를 지나는 항해자의 희망이 되었던 것이다. 등대는 26미터가 넘는 높이와 펑퍼짐한 아래에서 위로 갈수록 좁아져 마치 오벨리스크Obelisk처럼 장대한 느낌을 준다. 등대 박물관은 등대와 관련된 유물과 해양수산 자료들이 전시되어 있고 어린 시절 불렀던 '등대지기'의 생활을 연상케 하는 소소한 생활 유물까지 다양하다. 다만 수산자료 등 일부는 85년 개관 당시에나 어울릴법한 해묵은 것도 없지 않다.

행정구역으로 대보면 구만리인 호미곶은 등대와 함께 작은 포구를 빼고는 온통 보리밭 천지이다. 바다로 향한 한 뼘 땅도 놀리지 않는 삶에 대한 질긴 애착의 단면을 본다. 그래서 구만리 보리밭은 더 짙고 간간이 심어놓은 유채꽃은 더 노랗다. 보리밭 끝은 하늘이 아닌 바다로 떨어지거나 아니면 영일만 건너 일 년 열두 달을 시뻘겋게 불타는 포항제철의 검은 굴뚝 그림자가 서 있는 풍경이다. 또 이곳에는 이육사李陸史가 시 「청포도」를 창작한 것을 기념해 시비를 세워두었는데 솔직히 「청포도」보다는 「절정」을 새겨두었다면 하는 아쉬움이 든다. "어디다 무릎을 꿇어야 하나/ 한 발 재겨 디딜 곳조차 없다.// 이러매 눈 감아 생각해 볼밖에/ 겨울은 강철로 된 무지갠가 보다"라는 육사의 의연함이 호랑이마냥 뛰어오르는 파도와 바람 앞에 서 있는 등대와 함께 삶의 결연한 풍경을 만들어 주기 때문이다.

호미곶을 뒤로하고 나는 이제 내 유년의 자궁과도 같은 구룡포로 향한다. 기억의 길을 사이에 두고 한쪽은 바다, 또 한쪽은 보리밭이 경계를 이룬다. 초등학교를 들어가기 전부터 4학년까지 만 5년을 살았던 구룡포는 내게 빛 바랜 그러나 지워지지 않는 흑백사진이다. 바다 앞으로 교문이 난 중학교는 그대로였고 교문 앞 등대도 난쟁이처럼 작긴 해도 하얀 옷을 그대로 입고 있었다. 학교 담벼락을 돌자 포구와 읍내가 시작되었지만 과거의 흔적은 거의 남아 있지 않았다. 일본식 집들이 즐비한 항구의 골목은 온통 식당 간판들로 들어차 있었다. 고래잡이가 장생포 다음으로 유명한 구룡포는 포경업이 금지된

지 수십 년이 지난 지금은 과메기가 구룡포의 이름이 되어있다.

그러고 보면 대학시절 몇 번 찾아왔던 이래로 구룡포를 찾은 것은 근 20년이 다 되었다. 경상도 보리 문디들의 사투리 가운데도 이곳 사투리는 날것 그대로고, 갖추었다 해도 뻘건 초장이 타오르는 물회 같은 곳이다. 권선희權善熙 시인의 시집 『구룡포로 간다』는 구룡포 사람들 사이의 찌릿한 느낌을 그대로 느낄 수 있다.

내게 이 시집은 잃어버린 이름을 되살려주었다. 시집 속에 나오는 「병포리」는 내가 살던 마을이다. '펭귄 공장' 담벼락을 따라 가는 길은 너무도 협소했다. '펭귄 공장' 정문 앞은 지붕을 제외하고는 대부분 그대로였다. 나는 다시 30년 전 흑백의 풍경 속에 혼자 서 있었다.

'동성반점' 이란 빨간 간판이 한진 냉동 옆에 그대로 있었다. 반점 아저씨는 이미 세상을 떠났고 아주머니는 그대로 자장면을 만드시고 계셨다. 아주머니의 따님은 '반공 방첩' 문구가 새겨진 그때의 일기장에 나오는 영주 엄마다. 자장면 한 그릇을 먹으며 이런 저런 이야기를 하고 나섰는데 내 키 높이밖에 안 되는 낡은 슬레이트 지붕에 담배라는 간판을 단 점빵이 쪼그리고 있는 게 아닌가. 얼마 되지 않는 과자와 주류가 전부이고 방에서 계산을 하는 그

런 점빵에는 머리에 하얗게 서리가 앉은 노인 한 분이 앉아계셨는데 그 시절 이장님 아니신가? 손을 잡고 "옛날에 펭귄 공장 다니던 아무개 아들 상미시더"했더니 처음엔 갸우뚱 하시다가 형광등처럼 번쩍 당신의 기억도 돌아오셨다.

옛날 내가 살았던 집은 지붕까지 그대로였고 골목도 하나 변한 게 없었다. 주인장이 없어 혼자 마당에서 잠시 서 있다 어깨가 닿을 것 같은 골목을 돌아 마을 뒷산에 올라보았다. 뒷산 한쪽에 아파트 몇 동이 서 있는 것이 예전과 다를 뿐이었다. 구름마저 개인 항구와 마을이 한눈에 들어왔다. 옛 시조에 흔하디흔한 "산천은 의구하데 인걸은 간데없다"라는 구절이 어떤 심정인가를 느끼게 했다. 고향에 여전히 사는 친구들이 있었고 포항이나 대구에 사는 녀석들과도 전화가 되었다. 어디 그뿐인가. 읍내 교회종이 울리면 마룻바닥에 무릎을 꿇고 찬송가를 불렀던 예배당 주일학교 선생님은 백발을 쓸어내리는 목회자로 만나 뵐 수 있었다.

오랜 시절 동안 연락도 없이 우연한 추억의 장면으로 떠올랐던 사람들은 모두 손을 잡았고 잡은 손엔 나도 모르는 따뜻한 기운이 감돌았다. 오는 길에 포항에서 한 동네 살며 늘 붙어 다녔던 단짝 동무 철규를 만났다. 20년 만이었다. 그때 시집 한 권을 사 주었던 일을 내게 말하는 친구 놈은 몸이 일어 영락없는 아저씨가 다 되었다. 아내가 옆에서 인사를 했고 장가를 늦게 간 탓인지

일곱 살 먹은 딸내미도 인사를 했다. 사는 이야기를 나누며 영일만 건너 호미곶을 보며 담배 한 개비를 같이 물었다. 담배 연기는 바람에 순식간에 사라졌다. 딸내미에게 지갑에서 만원을 꺼내 "일로 온나, 꽈자 사 묵아라. 그리고 아빠하고 대전 동물원 한 번 오그라이" 그렇게 인사를 대신하며 친구 놈의 어깨를 툭 치며 돌아섰던 길.

아직도 먹먹한 가슴은 백사장 위에 누워 있고 내 손은 권선희의 「배웅」이란 시를 펼쳐들고 있다.

배웅

보내고 돌아올 즈음엔
자망선 옆구리에 매달려 끼걱거리는 타이어
잠든 집어등 간격과
눈더미처럼 쌓인 그물에서 냄새가 난다

종일 노닐던 바람은
바다로 돌아가지만
불빛 고슬고슬 익어가는 골목의 창들은

제 살붙이를 기다리며 흔들리고

하나씩 배웅할 때마다
둥둥 밀려가는 포구

고래를 끌어 올리던 판장도
물살을 방류하고 달빛 헛헛 바라보는데
무화과나무가 끙끙 자식을 낳는 담 밑에서
술찌기 토하며 자전거도 쓰러지는데

머물다 떠난 자리는 언제나
비리고 아픈 향기가 난다

연꽃 여인을 만나다

나는 그곳에서 '사내'가 되었다. 여름밤, 개구리 한 마리가 연못으로 뛰어들었다. 자시子時와 같이 캄캄한 의식의 저편에 열두 개의 동심원이 일어나 신경세포처럼 뻗어있는 연꽃 줄기들이 일제히 숙였던 고개를 든다. 겸연쩍은 개구리는 이내 물 속으로 몸을 감춘다. 연못가에는 촉촉한 대기가 어둠 속에 성층을 이루고 막 목욕을 하고 나온 여인처럼 긴 머리채를 풀어헤친 버드나무는 한낮에 시뻘겋게 달아오른 대지가 식으면서 토해낸 밤바람에 일렁인다. 연못 사이로 걷는 한 사내는 몽유병자와 같이 느린 걸음으로 이 모든 풍경을 흡입하고 있다. 사내의 귓가엔 노랫소리가 들린다. 노래는 한 사내와 처녀의 비밀스런 사랑이야기였고 노래 소리는 철부지 아이들이 부르는지 천진난만했다. 눈을 감고 있는 연못에 핀 수천수만의 연꽃이 모두 사내를 알아보듯 그가 지나가는 곳의 연꽃들은 몸을 좌우로 흔들며 눈을 감고 있지만 깨어있는 자신들을 사내가 느끼도록 해 주었다. 사내는 밤새 물 속을 유영하듯 연꽃나라의 밤을 그렇게 보냈다.

아침, 여름 해는 부지런하다. 연꽃과 밤새 한잠을 못 이룬 사정은 아랑곳하지 않는다. 일찌감치 밤을 쫓아내자 새들이 분주한 아침을 알리듯 목청을 높여 연잎에, 혹은 줄기 아래 틈새로 들어와 꽃들에게 안부를 묻는다. 근처에 사는 중늙은이는 산책로라 이름 붙여진 길을 아무런 생각 없이 걷고 있다. 설령 그가 무슨 생각을 했는지 몰라도 그 생각은 검푸른 색에서 연둣빛 잎사귀로 다시 태어나는 아침에 아무런 영향을 주지 못하는 한낱 행인의 단상으로 그칠 것이다. 시내 쪽에서 연못 쪽으로 오는 길에는 외지인을 위한 주차장이 아직 텅 빈 채 그대로 누웠다. 매점 주인이 문을 열고 얼마 있지 않으면 주차장은 누군가가 왔음을 알고 그 이름의 삶을 살 것이다.

궁남지宮南池, 옛 기록에는 그냥 대지大池라고 불렸다. 밤과 달리 한낮은 이곳의 먼 이야기를 표지판에 우뚝 세워 두었다. 옛 사람이 크게 여기는 곳은 그럴만한 까닭이 있다. 물가에 홀로 살았던 궁궐 시녀가 용신龍神과 통하여 얻은 사내아이가 바로 백제 무왕武王이다. 그가 신랑 진평왕의 딸 선화공주와 결혼한 서동薯童이란 것이다. 하지만 국경을 뛰어 넘은 로맨스는 최근 익산 미륵사지석탑 안에서 발견된 사리봉안기에 백제 귀족 집안의 딸과 결혼했음이 밝혀짐에 따라 신라 향가 「서동요」의 숨겨진 이야기는 또 다른 상상력을 요구하고 있다. 무왕을 낳았던 그 여자는 그 후 어떻게 되었을까? 아니 그 여자는 왜 연못가에 홀로 살았을까? 궁남지의 연꽃은 혹시 그녀의 얼굴이 아닐까? 그녀가 기다리며 지샌 밤의 날 수만큼 피어있는 것 아닐까?

오늘날에는 자신의 현재를 과학과 논리의 터에다 견고하게 구축하지만 과거에는 신화적 설명이 대신했다. 권력은 하늘로부터 내려온 것임을 이야기함으로써 위대함을 정당화했다. 백제 말기 선왕의 짧은 생에 이어 백제의 마지막 영화를 꽃피운 무왕에게는 남다른 탄생이 요구되었을 것이다. 삼천 송이 낙화의 운명으로 왕국의 운명이 미화된 것처럼 역사의 윤색은 지금도 흐르는 백마강 위의 황포돛대처럼 기억의 상품화로 재현되고 있다. 궁남지 가운데 신선의 땅을 지어내고 정자를 얹어 포룡정이라 이름 지었는데 현판의 글씨를 쓴 이는 부여라는 이름을 팔아 민주주의가 억눌린 시절, 권세를 누렸던 이란 사실에서도 과거라는 귀신은 쉽사리 이승을 떠나지 않는다.

버드나무 줄기가 남실바람에 살포시 흔들거린다. 연꽃은 서로에게 미소를 짓고 있다. 부처님이 꽃을 들자 무리 가운데 가섭迦葉만이 '그 마음'을 알았던 '그 순간' 마냥. 연꽃은 흔들림으로 깨어있음을 드러내고 있다. 삶의 진흙탕에서 매몰되거나 아니면 개구리밥처럼 의지를 상실한 채 떠다니는 흔하디흔한 우리네 인생은 연꽃이 가르쳐주는 진리의 법구法句에 눈을 감게 된다. 나라 곳곳에 붉고 흰 연꽃을 피워 사진쟁이들을 모으고 현란한 축제의 애드벌룬을 띄우는 저간의 모습을 보면 생의 비밀은 진흙 속에서도 뿌리를 내리고 꽃을 피우는 자가 아니면 볼 수 없는 것인지도 모를 일이다.

한낮이 가고 백마강의 유사가 모래톱을 이루는 일락의 시간이 다가오면 연꽃들도 붉은 기운이 조금씩 가라앉는다. 그러나 제 몸의 빛깔은 숨기고 떨어지는 태양의 마지막 광휘에 스스로를 녹여버린다. 어둠이 짙어지면 개구리 소리도 더 크게 울린다. 그 소리에 잠이 깬 달은 버드나무 위 하늘에 가로등처럼 연못을 밝힌다. 정자가 있는 호숫가는 달그림자를 잉태한다. 물결 위에 흔들거리는 달빛은 한낮의 기억을 어지럽 뱅뱅으로 취하게 한다. 물 위의 달과 하늘 위의 달이 하나이기도 하고 둘이 되기도 하며 밤은 에릭 사티E. Satie의 「짐노페디Gymnopedie」만큼 깊어간다.

궁남지에 다녀온 것도 벌써 2년이 흘렀다. 올 여름 나는 궁남지의 연꽃을 만나지 못했지만 내 기억 속의 그곳은 연꽃 이상이다. 해마다 여름이 오면 군무와 같이 흔들리는 헤아릴 수 없는 연꽃의 몸짓을 떠올린다. 신동엽申東曄의 시처럼 "껍질만 벗겨 던지면" 보잘 것 없는 연못은 "신성神性의 늪을 기르는 여자"가 되어 있기 때문이다. 난 그곳에서 "누워있는" 여자의 삶을 만난다. 연꽃 사이로 난 길을 걸으며 "있을 것이 없는 자리에 자기를 적응시켜 있을 것으로 충만 시켜주는 물"인 여자를 만난다. 무성한 여름이 가고 눈 쌓인 겨울날 말라비틀어진 모습도 아랑곳 하지 않고 "씨를 나르는 바람"의 사내를 말없이 기다리는 연꽃 여인. 아마 지금도 그대로 누워 있을 텐데……. 아, 나는 못난 '사내' 일 뿐이다.

떠도는 그림자

팔월의 태양을 견뎌온 날들이 입 벌린 석류가 되어 있던 날, 나는 대청호 너머의 마을로 향한다. 내 앞에 놓인 호수의 물결은 나르시스의 전설처럼 파르르 떨며 건너편 물가로 도망치고 있다. 주체할 수 없는 그리움은 손톱마냥 자라 물어뜯지 않고는 견딜 수 없게 자랐다. 비록 내 일상은 호수 이쪽에 있지만 나를 풀어놓고 골짜기 모양 그대로 물 속으로 잠든 호수 저쪽은 심상心象의 풍경을 반영한 시인의 그림자가 비추고 있기 때문에 나는 그들을 만나러 몰래 그곳으로 헤엄쳐간다.

문의 마을에 가서

문의는 대청호 전망대에서 아래로 내리막길을 따라 간다. 고은의 시 「문의 마을에 가서」는 '죽음의 인기척' 이 들릴 만큼 추운 눈 내리는 '겨울 문의' 로 향한 길이었다. 그때만 해도 대청댐이 없던 시절이었고 청주에서 차를 타고 문우의 모친상을 가던 시인의 길 위에는 눈과 매서운 추위가 있을 뿐이었다. 사자의 넋은 그래서 자연에 기대기보다 요령을 흔들며 노래한 이승의 사람에게 귀의했을 것이다.

지금의 문의는 '여름' 이다. 인공호가 만들어지고 이승에서 가장 힘 있는 자의 별장 '청남대' 가 서고 나서는 깊은 숲 대신에 철책이 둘러쳐졌고 시상 대신 '청남대 구상' 이 만들어지면서 "모든 것이 낮아서 이 세상에 눈이 내리고" 있다는 깨달음은 호수 바닥으로 가라앉아 버렸다. 세상이 또 한 번 바뀌어 산과 호수를 경호하던 일은 사라지고 '국민 관광지' 가 되어버렸다. 총을 내려놓으라고 한 사람은 덧없이 떠나 바윗돌이 되었고 플라타너스가 하늘을 가린 길 밑에 사진 찍기에 정신없는 이들의 차가 이유 없이 비상등을 깜빡거린다.

면소재지는 식당이 즐비하다. "몇 갈래 길과 가까스로 만났던 길" 은 대전에서, 청주에서 너무도 쉽게 이어져 있을 뿐이다. 해가 갈수록 더해지는 이런 풍경은 매년 가보는 나도 놀랄 만큼이다. 고은의 시는 '겨울 문의' 가 낳은 것이었다. 허허벌판, 첩첩 산중으로 난 마지막 길에서 죽음이 산 자에게 던지는 생의 희열인 흰 눈을 맞을 수 있었던 것이다. '모든 것이 낮아서' 알 수 있었

던 비밀은 높은 구두 굽에 깔려버린 것이다. '잃어버린 겨울' 을 찾아 나는 다시 산을 넘는다.

'쓸쓸한 대낮' 회인에 멈추다

문의에서 염티재를 넘으면 보은군 회남면이 나온다. 문의와 같이 이곳도 수몰의 전생을 간직한 곳이다. 대부분의 집들이 호수 위 산자락에 바싹 붙어 있고 면사무소와 초등학교는 마을 한복판 머리를 차지하고 있다. 수변에는 물 마른 자국이 나이테를 그리고 있고 물 속에 반쯤 잠긴 나무들이 웅성거리듯 모여 자기네들끼리 섬처럼 모여 있다. 대청호로 유입되는 천을 따라 북쪽으로 산을 넘으면 회북면이 나오는데 바로 옛 이름이 회인이다.

회인은 면소재지라고 하지만 그 잘난 농협을 마주한 상회 몇 개가 전부이다. 장이 서는 날도 별반 신통치 않아 무싯날 같다. 마을 한복판에 덩그러니 남아있는 객사客舍가 보은으로 넘어가는 수리티재가 얼마나 대간한 길인지를 말해준다. 지금이야 속리산 자락을 뚫고 달리는 고속도로에 형편이 나아졌다고 해도 여전히 벽촌을 벗어나지 못한다. 한낮에도 솟치는 종다리 한 마리의 울음소리가 환히 들리는 땅에 시인 오장환吳章煥이 태어났다.

1918년 식민의 계절에 태어나 '깊은 농 속' 같이 충충한 동리를 벗어나고 싶은 열망은 시인을 살아있게 했다. 좁은 골목길로 들어서면 몇 해 전 복원한 생가와 문학관이 소박하게 웅크리고 있다. 휘문고보와 메이지대학을 수학한 그는 당대 문인들과 교우하며 조선 문학의 황무지 위에 핀 꽃이 되었다. 문학관 안에 놓인 그의 3,40년대 시집들은 산협의 세월을 무색하게 만드는 노래로 엮여있다.

감각의 투명성이 뛰어난 이들이 놓치는 역사의 결여를 오장환은 뛰어 넘었다. 그의 천재성은 여기에 있었다. 빼앗긴 땅의 설움이 어린 시어로 다시 태어났다. 뜰 앞의 시비에는 「나의 노래」가 새겨져 있다.

나의 노래가 끝나는 날은
내 가슴에 아름다운 꽃이 피리라.
새로운 묘에는
옛 흙이 그리워
단 한번
나는 울지 않았다.
....

나의 노래가 끝나는 날은
내 무덤에 아름다운 꽃이 피리라.

그러나 오장환은 1948년 월북을 했다는 이유 하나로 반세기가 넘도록 우리는 화살같이 날려간 종다리와 같은 시인의 무덤에 꽃 한 송이도 바치지 못했다. 내가 지닌 창비創批에서 나온 시 전집은 1989년에 출간된 것이다. 그러다보니 해금된지 스무 해가 넘었지만 여전히 우리에겐 낯선 부랑자로 맴돌 뿐이다. 시인의 운명이 그러하듯 이곳 회인의 풍경도 쪼그리고 앉아 멍하니 하늘만 쳐다보는 촌로의 무료함이 길 위에 멈추어 있고 이따금 지나는 이의 발길도 멈추지 않고 그저 휑하니 지난 뒤 먼지만 잠깐 일으킬 뿐이다.

에돌아가고 싶은 호수 저쪽의 풍경

회남에서 대전 동구 세천으로 향하는 회남길은 드라이브를 즐기는 이들에게는 이미 잘 알려진 길이다. 번잡스럽지 않은 길에서 주변의 풍경은 사람을 감추어준다. 그리고 길 아닌 길로 접어들고 싶은 유혹을 일으킨다. 세천 쪽으로 오기 전 방아실 마을로 빠지는 길이 있다. 차창을 열자 밭에 뿌린 거름냄새가 오히려 야릇하기까지 하다. 다 온 길을 다시 에돌아가는 길이다. 방아실에서 탕골 앞들을 지나 봉우리를 넘어 옥천 추소리로 가는 길은 흔한 내비게이션을 찍어도 선 하나로 달랑 표시되는 곳이다. 아마 대청호 마을 가운데 가장 깊숙한 곳이며 고갯마루에 서서 내려보는 산자락에 둘러싸인 호수는 은밀하기까지 하다. 첩첩의 산자락은 농담을 지닌 수묵화이다.

몇 가구 안 되는 재 너머 마을에서 더 내려가면 홍건히 고인 호수는 대번에 파문을 일으키며 시 한 편을 잉태한다.

얼굴 하나야
손바닥 둘로
폭 가리지만,

보고 싶은 마음
호수만 하니
눈 감을 밖에.

영원한 「향수鄕愁」의 물방울 손에 찍어 「유리창」에 시를 쓰듯 맑은 언어로 노래한 정지용鄭芝鎔의 시 「호수」는 이리도 깊은 밀애의 산중에서 물의 여신 루살카Rusalka와 입맞춤을 통해 얻은 탈각의 시가 분명하다.

차로로 한참을 내려가면 제법 큰 동리 추소리가 나온다. 수변엔 종일 앉아 있는 낚시꾼들 맞은편 숲 아래는 병풍처럼 펼쳐진 바위가 물이 마르면 드러나는 곳이다. 물 건너 산, 산 너머에 또 물이 있다. 그 물 건너가 이평리다. 그 너머에 석호리가 있다. 재를 넘어 청풍쟁이골 가는 길은 특히 은행나무가 노랗게 물들 때가 제격이다.

고갯마루를 내려가면 물가에 마을이 있고 허섭한 매운탕 집 하나가 돈을 주고받는 곳으론 유일한 마을이 있다. 선착장 옆에는 거의 운행되지 않는 나룻배가 배를 드러내고 누워 있다. 추소리가 굽이굽이 흐르는 근경이라면 석호리는 호수 건너 마주한 시든물골을 품은 양지바른 산자락이 듬직한 원경을 이룬 곳이다. 시집와서 허리가 꺾인 채 홀로 사시는 할머니가 의지할 곳은 대처에 나간 자식이 아니라 큰물에도 가라앉지 않는 산등성이 한 뼘 밭뙈기일 뿐이다.

호수를 따라 깊이 난 길을 가면 둘러싼 산자락이 높기만 하다. 손님 쫓는 해는 이미 산 너머에서 세상을 검은 그림자로 비추고 있다. 호수 위에는 어느새 물안개와 같은 환영幻影의 시간들이 어른거리고 나는 또다시 호수 이쪽으로 머리를 이물처럼 돌린다. 호수 이쪽에서 저쪽을 그리워하다 어둑어둑해지면 어쩔 수 없이 돌아선다 해도 나는 또다시 호수 저쪽으로 헤엄치고 있을 것이다. 물과 산이 빚어낸 심상의 풍경 속에 '떠도는 그림자' 처럼.

미시령 큰바람에 띄우는 연서戀書

K에게

다시 동해 바다 앞에 이렇게 서 있습니다. 여름의 뜨거운 기운은 차갑게 식은 채 빗방울이 되어 검은 바다 위에 무력하게 떨어지고 있습니다. 한순간도 가만있지 못하는 몹쓸 병 탓에 이곳 속초 앞바다에까지 이르고 말았습니다. 비가 내리는 백사장에는 궂은 날씨에도 아랑곳하지 않는 청춘의 남녀가 수평선을 바라보며 영원한 사랑을 속삭이고 있습니다. 저 또한 아직 그런 사랑에 대한 미련인지 몰라도 연신 부서지는 파도가 젖은 모래 위로 남기고 간 자국을 따라 배회하고 있습니다. 그리고는 여기까지 걸어온 길의 추억을 다시 떠올려 봅니다.

내가 살아가는 생활의 울타리를 벗어나 차를 몰고 북쪽으로 달렸습니다. 연휴로 막힌 영동고속도로를 벗어나 원주, 횡성을 지나며 젊은 날 함께 거리에서 목 놓아 노래를 불렀던 벗에게 전화를 걸어 안부를 물었습니다. 이혼을 하고 지금은 떡볶이 가게를 하고 있다는 말에 부디 장사가 잘 되기를 빌어보았습니다. 횡성에서 홍천으로 향하다 문득 눈에 띈 풍수원성당 표지판에 가던 길을 벗어나 양평 쪽으로 향했습니다.

경기도와 강원도의 경계, 깊은 산골 마을 양지바른 언덕에 붉은 벽돌의 성당은 십자가를 머리에 이고 있었습니다. 조선의 국운이 붉은 노을처럼 저물어가고 있을 병인년 대 박해를 피해 깊은 산골로 숨었던 겨자씨만 한 신앙의 지킴이들이 울울창창한 이곳으로 몸을 숨긴 후, 화전을 일구며 신앙의 공동체를 이루었던 촌락의 초가집에서 하늘을 향한 가슴을 모아 예배드렸다더군요. 그리고 20여 년이 흘러 2대 신부였던 정규하 신부님이 성당 건축을 시작하여 마침내 1907년 준공하였답니다. 신부님과 성도들이 한마음으로 벽돌을 굽고 아름드리 나무로 기둥을 세워 당신들의 성소를 세운 곳이지요. 한국인 신부가 세운 최초의 성당이자 이 나라 천주교의 역사로는 네 번째랍니다.

성당 꼭대기보다 높고 푸른 느티나무가 성당의 유일한 오랜 동무이지요. 본당 뒤 사제관 또한 오직 말씀과 기도가 수난의 시대를 견디는 유일한 힘이었다는 기억의 증표로 고스란히 남아 있습니다. 참되고 바른 것이 고통 받는 것이 어디 병인년만의 일이겠습니까. 진리의 길을 걷는 아픔은 동서고금에 늘 있어왔던 일이지요. 오직 예나 지금이나 그 길은 쉽게 드러나지 않을 뿐이며 그 길의 벗들은 어디라도 마다하지 않고 진리의 촛불을 밝힌다는 사실이 성당 안 그리스도의 수난을 새긴 부조에 뚜렷하게 있었습니다. 그리고 마룻바닥에 무릎을 꿇고 기도하는 순례자의 모습에 나는 지금 무엇에 무릎 꿇고 사는 가를 묻지 않을 수 없었습니다.

다시 가고자 했던 홍천을 지나 인제, 원통을 지나면서 얼룩무늬 군복을 입은 젊은 군인들의 모습은 제게도 한때 있었던 군 시절을 떠올리게 하더군요. "인제 가면 언제 오나"라며 소주잔을 기울였던 입영전야와 젊은 날의 꿈이 군복 옆에 새겨진 부대 마크에서 더욱 선명하게 보이더군요. 그 길에는 중년으로 보이는 이들이 군인들을 대신해 열을 지어 자전거를 타고 예의 알록달록한 유니폼을 입고 내설악의 깊은 골짜기로 빠져들고 있었습니다. 백담사 부근을 지나자 교단에 추상 같은 일갈一喝의 『조선불교유신론』을 지었던 만해萬海의 소리는 들리지 않고 대신 백두대간을 뚫고 있는 도로공사의 굉음이 한창이었습니다. 가로수로 심어진 오래된 자작나무는 특유의 하얀 수피가 마치 염殮을 한 주검처럼 밑동이 베어진 그대로 쓰러져있었습니다.

이미 어두워진 미시령 고갯길은 앞이 보이지 않았습니다. 구불구불한 옛길은 어느새 내비게이션에서 나오는 기계음의 여성에게 빼앗긴지 오래였습니다. 그리고 그 작은 0과 1의 조합으로 이루어진 디지털에게 손과 발은 벌써 얼마 전의 자기 일을 잊어버렸는지 몇 분을 달려도 보이지 않는 터널의 끝을 향하고 있었지요. 오른쪽 편에 울산바위가 납빛의 그림자만을 보여주는데 '미시령 큰 바람'이 어김없이 옷자락을 깃발처럼 펄럭이게 하더군요. 황동규黃東奎 시인의 시집으로 내겐 더 기억되는 상상의 고개는 한 점 불빛으로 가물거렸고 나는 한동안 산마루의 불빛을 등대처럼 바라보았습니다. 형형색색의 속초는 안중에 없었습니다. 빠르고 편한 길은 마치 『모모Momo』에 나온 회색 신사단의 논리와 다를 바 없었습니다. 빠른 길은 그만큼 누릴 여유를 앗아가는 것이기도 합니다.

비가 내린 해수욕장의 밤은 낮 뜨거운 청춘과 순간의 불꽃이 바다에 맞설 기세였습니다. 하지만 하얀 물거품을 일으키며 대열처럼 다가오는 파도는 모든 풍경을 검은 바다 속으로 삼키는 유일한 나의 동맹군이었습니다. 게 중에는 바다에 뛰어들어 객기를 부리는 이들도 있었지만 돌이켜보면 내게도 저런 치기의 나날이 있었음을 고백하게 됩니다. 어쩌면 젊음도 한때이고 언제 다시 저런 날이 올까를 생각하면 그리 적의를 가질 일도 아닙니다. 그러고 보면 '인간人間' 이란 말은 사람과 사람 사이의 존재라는 뜻 말고도 인식의 두 세계 사이를 걷고 있는 '사이 존재' 임을 말하고 있을 지도 모릅니다. 파도는 밤새 바다와 모래사장을 오갔고 제 의식도 그렇게 밤새 오가며 날이 밝았습니다.

날이 밝자 하늘도 개였습니다. 동해안 7번 국도를 따라 남하하다 오랜만에 진고개를 넘었습니다. 이미 단풍이 들기 시작한 고갯마루를 넘자 배추며 무가 푸른빛을 더하며 그들만의 한철을 누리고 있었습니다. 푸른빛에 나를 던지고 싶어 대관령 목장에도 다녀왔습니다. 황무지와 같은 땅을 맨손으로 일군 의지가 목장 곳곳에서 느껴졌습니다. 영화의 한 장면을 기억하며 찾아 온 이들도 잠시나마 초록의 힘을 느끼고 있었습니다. 고원 정상에는 풍력 발전기가 위용을 드러내고 있었습니다. 사실 목장이란 것은 아무것도 없습니다. 푸른 초지만이 있을 뿐입니다. 그럼에도 사람들은 알 수 없는 감동을 받고 있었고 얼굴엔 미소와 행복감이 가득했습니다. 성장의 내면이 무엇이 되어야할

지 자연은 말도 하지 않고 깨닫게 해주었습니다.

남한강 상류 목계나루에 이른 것은 저물녘이었습니다. 시인 신경림申庚林의 「목계 장터」가 판화가 이철수 씨의 글씨로 새겨진 시비를 보며 이제 장도 서지 않는 이곳 강나루가 기억될 수 있는 것은 한 편의 시 때문이었습니다. 그러고 보면 문학이나 예술은 보잘 것 없는 것들에게 영혼을 불어넣는 일임에 틀림없습니다. 열 몇 살 시절부터 시인을 동경한 저로서는 이런 말조차 남세스러울 뿐입니다.

며칠의 짧은 기행을 이렇게 편지에 담아 보내며 황동규의 「미시령 큰바람」을 적지만 이 다음에는 제가 쓴 졸작이라도 적어볼 작정입니다. 그럼 별것도 아닌, 바람 한 줌에 날아갈 제 편지는 잊고 짙어가는 가을만큼 깊어지기를 내내 바랍니다. 건강하십시오.

미시령 큰바람

아 바람!
땅가죽 어디에 불잡을 주름 하나
나무 하나 덩굴 하나 풀포기 하나
경전經典의 글귀 하나 없이
미시령에서 흔들렸다.

풍경 전체가 바람 속에
바람이 되어 흔들리고
설악산이 흔들리고
내 등뼈가 흔들리고
나는 나를 놓칠까봐
나를 품에 안고 마냥 허덕였다.

겨울 아침, 산에 오르다

겨울 아침, 계룡산 삼불봉에 오릅니다. 해가 떠오른지 얼마 되지 않아서인지 아직 산기운은 여지없이 내 머릿속을 가를만큼 차갑습니다. 상신리에서 남매탑으로 늘 오르지만 오를 때마다 내 앞의 풍경은 다르게 서 있습니다. 보름 전에 올랐을 때와는 달리 굴참나무, 신갈나무 할 것 없이 그나마 매달려 있던 마른 잎도 모두 떨어져 있었습니다. 나무와 나무 사이에 틈은 더욱 커져 있어보였고 마치 비목碑木처럼 보였습니다. 좁은 숲길은 수북한 낙엽의 살갗위에 한 꺼풀 내려앉은 허연 서리 탓에 밟을 때마다 서걱서걱 소리를 내곤 했습니다.

보름 전엔 이 길에서 난생 처음 삵이라는 놈과 마주쳤습니다. 인기척에도 그리 놀라지 않으며 나를 응시하더니 제 갈 길을 가더군요. 나를 제법 오래 쳐다본 삵의 눈은 내 가슴속에 무엇을 품고 있는 줄 알고 있다는 눈치였습니다.

그리고는 제게 침묵의 언어로 무언가를 전하고 가는 것 같았습니다. 나와 마주친 삵이 살아가는 방식은 어떨까 궁금했습니다. 야생의 삶을 살기를 머리로는 바라면서 문명의 옷을 더욱 더 껴입는 저 자신을 보면 또 얼마나 모순에 찬 것입니까.

남매탑이 두 눈에 들어왔습니다. 오누이의 전설은 암자로 내려가는 계단 옆 간판에 갇혀 있었습니다. 전설을 듣고 싶다면 이곳까지 오르는 수고로움을 감내해야 합니다. 탑은 나란히 남녘을 향해 서 있습니다. 가장 환히 빛나는 세상에 대한 열망은 그렇게 서 있는 것입니다. 불가의 탑은 본디 무덤의 한 양식입니다. 오늘 산행에서 남매탑을 보며 죽순을 떠올렸습니다. 땅 속에서 나 지상에 고개를 내밀고 하늘을 향해 자라지만 끝내 하늘에 닿기 전에 잘리는 운명 말입니다. 남매탑은 내게 춘삼월에 홀로 연화국蓮花國으로 떠난 누이의 망매가亡妹歌로 쌓아 올린 돌무덤 같았습니다. 탑 너머 삼불봉이 이런 나를 우두커니 지켜보고 있었고 더 높은 하늘은 파랗게 시린 가슴 그대로였습니다.

삼불봉에 오르는 계단은 그 수가 얼마나 될지를 가늠하려해도 가쁜 숨을 쉬다보면 허망한 일이 되고 맙니다. 봉우리 직전엔 늘 이렇게 시험의 문턱이 있는 것 같습니다. 차오르는 숨 저편에 문득 떠오른 사실은 누이와 함께 삼남매가 이 길을 오른 십여 년 전의 추억이었습니다. 그때만 해도 다들 스무 살

시절이라 근심이라곤 없이 하하 호호 웃으며 올랐는데 지금은 저 혼자입니다. 그 후론 삼남매가 함께 산에 오른 일은 기억에 없습니다. 함께할 근교는 그대로였는데 어른이 되면서 다들 살기에 급급한 나머지 잃어버린 추억이었습니다. 밟고 오른 돌계단을 뒤돌아보며 장소의 기억은 참으로 오래 간다는 사실을 뼈저리게 느낍니다.

봉우리 직전 계단에서 잘린 절벽 너머 켜켜이 펼쳐진 산맥의 장관은 나를 한동안 머물게 합니다. 봉우리에 오르자 막힘없는 사방 천지가 나를 우뚝 세웁니다. 동서남북에서 밀려오는 기운은 마치 나를 붙잡아 맵니다. 무엇에도 흔들리지 않을 만큼 견결하게 나를 받쳐줍니다. 큰소리로 고함을 질러 보았습니다. 한쪽으로 보이는 천황봉까지 그 소리가 닿았는지는 저도 모를 일입니다. 그러나 내 마음엔 멀리 보이는 계족산, 식장산, 그리고 서대산, 대둔산 너머 구름바다에까지 다다랐을 것 같은 환상에 젖어들어 보았습니다.

그러나 산정은 그런 승리감에만 도취되기에는 너무 위험했습니다. 오르며 흘린 열기와 땀이 이내 식으면서 찬 기운이 등줄기를 타고 흘렀고 산 아래와 달리 바람도 만만하지 않습니다. 산정의 사람들에게 내리막길을 갈무리하고 다시 오를 봉우리를 가슴에 새기는 일이 이어지고 그렇게 그들도 그들만의 바윗돌을 굴리며 끝없이 오르는 또 하나의 신화인 것입니다. 자칫 잰 걸음으로 내려오다 실족할 수 있다는 사실을 경계하기도 해야 합니다. 산행은 처음 출발한 그곳으로 다시 돌아오기까지 끝난 게 아니니까요. 그러고 보면 산행은 봉우리가 목표라기보다 봉우리를 오르고 돌아오는 길까지입니다. 하지만 가끔씩 이런 사실을 망각하기 쉬운 것은 오르는 자의 만용 때문일 것입니다.

산등성이 한편은 흑갈색 낙엽과 제법 따뜻한 온기가 있지만 반대편 자락은 지난주에 내린 눈이 아직 그대로였습니다. 한 몸의 산임에도 삶의 처지는 너무도 대조적이었습니다. 양지와 음지의 경계선인 능선에서 이런 사실을 깨닫게 된 것은 경계의 아슬아슬함입니다. 그래서 경계선상을 걸었던 인물들은 누구보다 괴로웠고 양쪽 모두로부터 날아오는 비난의 칼에 살점이 떨어져 나가야 했습니다. 나는 내가 걷고 있는 길은 무엇과 무엇의 경계선일까 생각했습니다. 그러나 쉽게 결론을 내릴 순 없었습니다. 어쩌면 결론이라고 말하는 순간 나는 회의의 경계선을 벗어나 어딘가에 안주하고 있는지도 모릅니다.

산 아래 처음 그 자리로 돌아왔습니다. 돌아오면 그것이 끝이 아니듯 나는 다시 시작해야 합니다. 산행과 마찬가지로 한해도 벌써 저물어 갑니다. 하마, 벌써라는 말을 꺼내기도 무서울 만큼 세월의 강물은 쳐다볼 때의 느린 유속과 달리 지나고 나면 너무도 멀리 흘러갑니다. 속절없이 흐르는 강물은 "모든 것은 한순간에 지나가는 것, 지나간 것은 또다시 그리워지는 것"이라 말했던 푸시킨A. Pushkin의 시구를 실감하게 합니다.

그러나 막상 산 아래에 이르면 상념의 날개는 사라지고 지친 다리와 주린 배를 채워줄 '지상의 양식' 을 찾기에 바빠집니다. 그렇지만 세상의 끝에 이르고자 하는 동경의 샘은 마르지 않을 것입니다. 지상에서 가장 자유로울 수 있는 곳이 하늘로 솟은 봉우리, 수평선 너머의 바다와 하늘이 함께 있는 곳이라면 나는 그곳으로 떠날 것입니다. 설령 그것이 아스라한 벼랑의 길, 홀로 밤을 새며 걸어야 할 길이라도 나는 걸을 것입니다. 그 길이 산행에서 난생 처음 만난 삶이 눈으로 내게 말한 것이었습니다.

겨울, 눈의 나라를 헤매다

Ⅰ.

몇 해 만에 찾아온 이름값을 톡톡히 하는 겨울이다. 금강 오대리 나룻배는 층층으로 언 강물에 꼼짝 못하는 신세였다. 강 건너 마을로 향한 발자국이 흰 눈에 드문드문 나 있는 게 전부인 한겨울 강 위에 나는 서 있다. 뺨을 스치는 바람이 끝없이 펼쳐진 눈밭의 끝으로 나를 부른다. 하지만 한 번씩 언 강물이 우는 듯 쩡쩡거리는 소리에 풍경의 끝자락으로 가기를 주저하고 있는 못난 내 가슴이 미울 뿐이다.

발목까지 잠기는 눈 때문도 아니다. 그것은 내가 나를 붙잡는 핑계일 뿐이다. 눈길을 따라 하염없이 걸을 만큼 나는 아직 나를 버리지 못한 것이다. 버리고 갈 만큼 절실하지 못한 것이다. 돌아갈 곳을 떠올리는 일은 결국 미래의 시간이며 관념의 시간 속에 살고 있는 나의 현재이다. 그렇게 자책하며 나는 한참을 걸었다. 언 강과 눈을 뒤집어 쓴 산 사이로 난 길을 따라. 강과 길 사이에는 갈대가 서걱거리며 바람에 한참을 자빠져 있었고 산 하나는 간벌 탓에 바람이 나무 사이로 숭숭 소리를 내며 급하게 내려오고 있을 뿐이다. 하늘엔 구름이 한순간도 가만있지 못하는 신세가 되어 천변만화의 심정으로 움직인다.

이내 맞은편 산 너머로 몸을 숨기는 겨울 해를 어찌해 볼 재간이 없는 신세가 초라했다. 산그늘이 길어지자 덜컥 차오르는 두려움의 입김이 두 눈을 가릴 만큼 자욱해진다. 새까만 점 하나가 되어 하얀 설원에 처음 서 있던 게 불과 몇 시간 전이었는데, 탄성을 지르며 삼시 세끼의 일상을 잠시 벗어난 순간을 자유라 부른 게 얼마나 한심한 것인지를 칼바람은 할퀴고 있는 게 아닌가. 도대체 내가 언 강가에 온 까닭은 무엇인가. 뭐라 대답할 수 없었다. 작은 배 한 척이 얼음에 닻을 내리고, 우두커니 서 있던 겨울나무가 내 등을 어루만지며 유일하게 위로해주지 않았다면 나는 꽁꽁 얼어붙어 꼼짝하지 못하고 눈물의 고드름을 매달고 있었을 것이다.

Ⅱ.

언 강에서 돌아온 지 며칠 되지 않아 나는 또 집을 나섰다. 전날 밤, 나는 하염없이 어딘가를 가는 꿈으로 밤새 뒤척였다. 눈을 뜬 아침은 잘려나간 밤의 상처로 부스스했다. 차이코프스키P. Tchaikovsky의 바이올린 협주곡이 듣고 싶다는 생각에 세수를 하며 정신을 차렸다. 그러고 보니 차이코프스키 바이올린 협주곡은 정경화鄭京和의 사진이 박힌 레코드판으로 내가 제일 먼저 들었던 클래식 음악 가운데 하나이다. 그리고 이내 매료된 나머지 날이면 날마다 레코드판을 닦아가며 들었던 곡이기도 하다. 그렇게 사랑했던 젊은 날이 갑자기 떠오른 것은 우연이 아닐 것이다. 밤사이 꿈속을 떠돌며 내 안에 무언가가 꿈틀거리며 움직이는 정체 모를 존재를 나는 보았다. 그것이 내 젊은 날의 한때와 무관하지 않은 것임을 알기에 그 시절의 음악이 뇌리를 스친 것이다.

꿈속의 세상이 어디일까 생각하다 내가 떠올린 곳은 한 번도 가보지 않은 계화도였다. 지평선이 보인다는 김제 들판을 적신 동진강 하구의 작은 섬, 계화도가 뭍이 된 기억은 초등학교 사회시간까지 거슬러 간다. 김제, 부안은 예전에 가보았지만 부안에서 변산 가는 길에서 오른쪽으로 벗어나 705번 지방도를 따라 간 것은 처음이다. 김제까지만 해도 들판에 희끗하게 있었던 눈은 소설『설국雪國』의 첫 문장 그대로 큰 길을 "빠져 나오자, 눈의 고장이었다."

동리의 소나무는 눈을 한 짐씩 이고 있는 탓에 지쳐 있었고 면소재지 창북리에서 정면에 솟은 계화도까지 시야의 한가운데로 일직선으로 난 도로와 전신주의 행렬이 원근법을 가르쳐 주듯 놓여있었다. 변산 쪽으로 바다를 향한 산자락만 역광에 실루엣으로 검은 몸을 드러내놓고 누워 있는 것 빼고는 사방 천지가 모두가 하늘까지 흰 눈이었다. 눈을 뜰 수 없는 광경에 나는 또 어린애처럼 가던 길을 멈추고 고함을 질렀다. 그리고는 바다 쪽으로 나란히 누워 있는 지평선으로 걸어갔다.

바다와 나란히 누워 있던 지평선은 사실 나보다 몇 곱절 높은 제방이었다. 바다 쪽으로 혀를 내민 갯벌 위에 단단히 쌓아 올린 제방에 올라서면 바다가 보일까 했다. 그러나 내 앞에 펼쳐진 것은 내달린 들판만큼 끝없는 갯벌이었다. 바다는 보이지 않았고 보인다 해도 바다와 뭍이 나뉘지 않았다. 머릿속에 저 끝에 바다가 있고 더 가면 세계 최장의 새만금 방조제가 있겠구나 하는 생각이었다. 그러나 솔직하게 말하자면 환경논쟁을 부른 장본인보다 내 앞에 놓인 겨울 눈밭의 위력에 넋을 놓고 있을 뿐이다. 제방에 오른 순간 소금기 먹은 땅도 아랑곳 하지 않는 마른풀 사이에서 푸드덕거리며 날아오른 꿩처럼 내 머리는 순간 백치가 되어 버린 것이다. 무슨 영문인지 모르지만 바다 쪽으로 나있는 발자국에 저 끝에도 하루의 삶이 펼쳐져 있구나 하는 생각이 들었다.

해안선을 따라 가다보니 썰물 때라 눈 덮인 해변보다 넓은 검은 땅이 보였고 그 땅에서 허리를 숙인 채 무언가를 캐고 있는 사람들이 보였다. 차를 세우고 나도 그들이 있는 곳으로 내려갔다. 해변 초입에 수십 개의 장승이 저승사자처럼 서 있었다. 바로 앞에 갑문과 함께 장벽이 되어 있는 방조제와 수 년간의 전쟁을 치른 장승은 고사목의 최후마냥 뻘 위에 박혀 있었다.

개펄 위에 기운 채 얼어붙은 작은 배들이 있고 개펄은 반쯤 얼어붙어 있었다. 세상을 다 덮은 흰 눈도 개펄에서는 소용없이 녹아버렸다. 살을 에는 바닷바람은 바지락을 캐는 이들에게 몇 곱절 힘들게 심술을 부리고 있었다. 손수레에 바지락을 한 망씩 채운 늙은 내외의 걸음 뒤에는 카메라를 든 외지인들의 렌즈가 연신 소리를 내며 향하고 있었고 시커먼 뻘투성이의 주름진 얼굴은 무심히 지나갈 뿐이다. 나도 그곳에 더 있어봐야 괜히 추운 날 일하는 이들의 심사만 어지럽히겠구나 하고 발길을 돌렸다.

Ⅲ.

새만금 방조제 너머 트인 바다는 이미 해가 지고 있었다. 방조제 갑문을 빠져나가는 거센 물살은 대학시절 해변의 추억을 지닌 선유도까지 밀어낼 기세였다. 끄무레한 수평선 아래로 홍시 같은 해가 가라앉고 무작정 헤매던 내 마음의 바람도 잦아들었다. 밀물에 내 등은 떠밀려 다시 넓은 들녘에 섰다. 30년대 수탈의 들판 가운데 '그 먼 나라'에 대한 갈망을 서정으로 승화한 신석정辛夕汀 시인의 고향 부안 읍내에 들렀지만 문학관 공사 탓에 그의 시를 떠올리는 것으로 대신했다.

내가 꿈꾸는 '그 먼 나라'는 어디인가. '밤의 밑바닥'까지 하얘진 김제 들녘을 유성처럼 지나가는 자동차 불빛이 나보다 먼저 집으로 향하고 있다. 그날 밤, 노곤한 내 몸은 밀려드는 밤의 파도에 이내 떠밀렸고 나는 다시 꿈을 꾸었다. 얼어붙은 동진강 강가의 무성한 갈대숲을 서성거렸는데 그것은 전날 밤 꿈속의 광경이었다. 나는 파르르 입술을 떨며 어둠을 껴안고 몸부림치다 눈을 떴고 끝없이 하얀 들판과 먼 바다로 가는 길에 엎드린 알몸의 나를 보았다. 밤도 낮도 아닌, 꿈도 현실도 아닌, 나도 모르는 곳에.

금강, 하구에서

"물은 탁하다. 에두르고 휘돌아 멀리 흘러온 물이 마침내 황해 바다에다가 깨어진 꿈이고 무엇이고 탁류째 얼려 좌르르 쏟아져 버리면서 강은 다하고 있다." 흐르는 강물만큼 시간을 말해 주는 게 있을까? 그래서일까. 흐르는 강물을 고즈넉하게 그것도 급하게 쏟아지는 상류가 아닌 가장 느린 유속으로 바다와 합류하는 하구를 바라보는 일은 은유적이다. 하구에서 민물과 바닷물이 섞여 일으키는 물큰한 체취에 강과 바다의 구분은 모호해진다. 그래서 하구의 강물은 마지막으로 자신의 정체를 지키기 위해 이미 흘러온 지난날을 거슬러 기억을 반추한다.

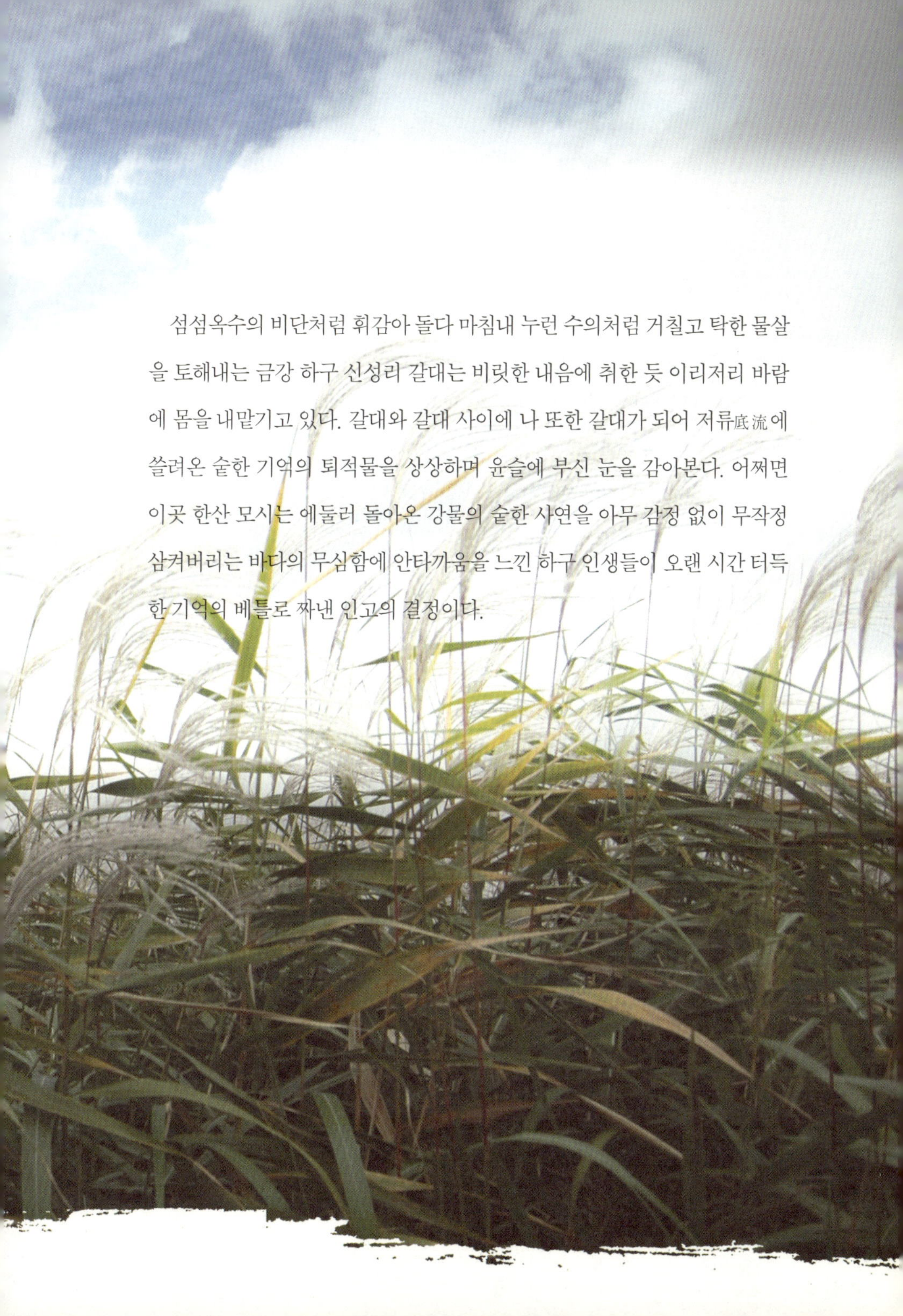

섬섬옥수의 비단처럼 휘감아 돌다 마침내 누런 수의처럼 거칠고 탁한 물살을 토해내는 금강 하구 신성리 갈대는 비릿한 내음에 취한 듯 이리저리 바람에 몸을 내맡기고 있다. 갈대와 갈대 사이에 나 또한 갈대가 되어 저류底流에 쓸려온 숱한 기억의 퇴적물을 상상하며 윤슬에 부신 눈을 감아본다. 어쩌면 이곳 한산 모시는 에둘러 돌아온 강물의 숱한 사연을 아무 감정 없이 무작정 삼켜버리는 바다의 무심함에 안타까움을 느낀 하구 인생들이 오랜 시간 터득한 기억의 베틀로 짜낸 인고의 결정이다.

그러나 허리가 아픈데도, 눈 비비며 졸음을 쫓아가며, 독경 같은 노래로 수많은 밤의 시간을 지낸 웅녀熊女의 전설은 결국 여자의 몫이었다. 기억을 짜내는 일은 수고로움이 따르는 것이며 수고로움 뒤에는 모시처럼 푸른빛에서 하얀빛으로 자아의 변용이 일어나는 법이다. 남자란 갈대를 흔드는 바람의 운명이고 여자는 그 바람에 쉬쉬 소리를 내며 흔들리는 갈대의 운명이다. 미풍에도 갈대는 예민하게 흔들린다. 지난날 사소한—사실은 바람의 운명이 느끼는—일도 소중하고 커다란 기억으로 살아날 때마다 갈대는 흔들리는 것이다. 쉬쉬거리며 서로의 몸을 비비는 갈대숲은 바람과 갈대가 서로를 껴안고 넘어진 그날의 기억으로 여전히 몸부림치는 것인지도 모른다.

공활한 가을 하늘, 끝없이 밀려드는 파도의 포말 같은 구름이 차지한 그날, 강둑에서 바라본 들녘은 고흐V. van Gogh의 그림 속 오베르의 들판처럼 누런 빛깔로 출렁였다. 허리춤에 핀 코스모스의 가녀린 줄기와 같이 눈을 맞추면 빨간, 혹은 하얀 꽃잎들이 그 위로 떠다니듯 춤을 추고 있었다. 갈대밭에 오기 전 마을에 있었던 아주 오래된 이발소 문은 지금쯤 열었을지 궁금하기도 했다. 재미난 표정의 허수아비들도 그대로일지 아직 사라지지 않은 조금 전 풍경의 기억이 갈대처럼, 그리고 둑길 좌우로 흔들리는 코스모스처럼 아른거린다. 강 건너 마을은 마치 피안의 세상처럼 정지해 있는데 마음은 벌써 느리지만 분명히 하구로, 강의 마지막 무덤인 회색빛 갯벌로 걸어가고 있다.

양양한 하구엔 강의 변신을 목격할 수 없도록 하구 둑이 단단하고도 두껍게 가로지른다. 계량될 수 없는 자연의 은유를 계산해내는 문명의 논리를 부인하는 나 또한 거대한 인공구조물 위에 서 있을 수밖에 없는 모순된 현실에 당황스러울 뿐이다. 질주하는 자동차 소리가 귀청을 찌르듯 자극한다. 민물과 바닷물이 마치 태극처럼 서로를 휘감아 돌며 또 다른 생명을 잉태하는 거룩한 물의 나라는 기억의 단절로 더 이상 떠오르지 못하는 것이다.

마침 썰물로 갯벌은 황량한 묘지와 같았다. 이따금 배를 깔고 엎드린 폐선 몇 척이 단물이 빨리고 버려진 자신을 원망하는 표정이 역력했다. 갯벌을 채우고 있을 강물의 오랜 기억들은 날물의 시간에만 잠시 옛일을 드러내고는 언제 그랬냐는 말 한마디 없이 들물 속으로 다시 침잠하고 만다. 가라앉고 떠오르고를 몇 천 만 번, 아니 몇 억 번을 되풀이하며 끈질기게 자기를 되돌아보는데 그냥 그렇게 왔다가는 나는 단 한 번의 조우遭遇로 하찮은 언설을 내뱉고 있음에 한숨이 나올 뿐이다. 아마 언어를 존재의 집으로 삼고 살아가는 인간인 한 벗어날 수 없는 문제일 것이다.

강물의 남쪽으로는 군산이라는 대처가 있다. 그리고 북쪽엔 장항이 마주하고 있다. 바다로 향한 곶의 끝에는 금강 하구 어디서 보아도 보일만큼 하늘을 찌르는 높직한 큰 굴뚝 하나가 솟아있다. 바로 장항 제련소 굴뚝이다. 군산 태생의 시인 고은은 군산항에서 "금강이 서해와 전면으로 만나는 경계점에 수미산처럼 높은 바위산 위에 굴뚝 연기가 피어올라 서녘의 세상으로 스르르 사라지는 모습에 영원에 대한 물음을 던졌다"라고 말한다. 장항에 전에도 몇 번을 왔지만 먼발치에서 바라보았을 뿐인 게 사실이다. 그래서 갈 수 있을 만큼 다가가보기로 작정을 했다.

칠이 벗겨져 희미한 간판의 선구점과 닻을 만드는 철공소, 갯가에 있는 공장 속까지 놓인 장항선 철길을 건너 마침내 제련소 굴뚝을 이고 있는 산 밑에 이르렀다. 생각과 달리 산은 하나의 거대한 바위였다. 사방을 돌아보니 바다로 향한 동산들도 각질의 바위산이었다. 사진으로 보았던 호주 울루루 바위가 순간 떠올랐다. 카메라에 담아 보고 싶었지만 굴뚝 위에 떠 있는 태양이 산과 굴뚝을 새까맣게 태운 듯 검은 실루엣만이 잡힐 뿐이었다.

1936년 흥남제련소와 함께 구리제련을 위해 세워진 장항 제련소는 해방 이후에도 용광로의 불꽃은 타올랐다. 그러나 굴뚝은 1989년 이후로 더 이상 연기를 피우지 않았다. 주변 농작물에 피해를 입혀 새로운 공법으로 전기동을 생산하고 있는 지금은 연기도 사라진 추억이 되어버렸고 근대의 기억이 되어 오벨리스크처럼, 바다에서 육지를 향해 볼 때면 마치 알렉산드리아의 등대와 같은 환영幻影으로 남아 있을 뿐이다.

나에게 제련소 굴뚝은 또 다른 상상을 부른다. 꽃이 되어 떨어진 낙화암의 전설, 외세와 왕조의 총칼에 머리 잘린 곰나루의 원한, 사람과 물자의 떠들썩한 강경장의 영화가 말없이 흐르다 한 번씩 굽이친 금강의 모든 서사敍事가 강이 바다와 하나가 되는 북쪽 곶에 북망산처럼 둥근 바위산 속 시뻘건 용광로에서 서로의 불꽃을 태워 화장火葬을 하는. 강의 모든 기억이 제련되어 지상의 또 다른 운명을 지속하게 해주는 정금精金이 되고, 타다 남은 기억의 육신은 재가 되어 황해바다 저 아래 뻘이 되고, 영혼은 하늘을 향한 굴뚝을 타고 노을이 지는 서녘을 향해 연기가 되어 끝내 사라지는 꿈을 꾸게 되는 것이다.

가을바람이 물씬 분다. 바람이 부는 탓에 강가의 갈대며 산과 언덕에 억새는 자신의 원생原生을 향해 고개를 꺾고는 기억 속으로 제 몸을 맡기고 있다. 바람처럼 한때 사라진 운명이 아니라 일생을 견딜 기억의 힘을 믿는 신앙인처럼 가녀린 뿌리를 내리고 있는 계절이다. 새 것을 쫓는 시류의 포장지를 벗기면 기억의 유실이며 자아의 상실이다. 지금의 나는 과거의 나로부터 생겨난 것이며 앞으로의 나는 그 안에서 움트고 있는 것이다. 강물이 다하고 바다로 가기 직전 하구의 풍경에 서 있으면 시간의 은유로 강물이 내 앞에 흐르고 맨 처음의 기억으로 나를 자연스레 이끌고 간다. 온몸을 내맡기고 기억의 춤을 추는 갈대처럼.

해변의 묘지

몇 번을 가도 언제나 낯선 곳이 있다. 태안반도 서쪽 땅 끝, 해변의 풍경은 내게 야릇한 낯섦을 일으키는 곳이다. 바다라는 거대한 물고기의 비늘이 파도에 떨어져 나와 뭍으로 날아오는. 무수한 시간을 보여주는 잡히지도 않는 모래가 활처럼 누워있는 백사장, 그리고 사구와 황무한 풀들이 끝없이 뒤엉킨 신두리 해변.

4월 중순이라고 하지만 해면 위로 불어오는 바람은 아직 겨울의 끝에 머물고 있다. 백사장 위로는 연기처럼 스멀거리며 사구로 밀려오는 해무가 살갗에 차갑게 달라붙는다. 황량한 모래더미 위에 가시처럼 삐죽거리며 뿌리를 내린 갈색의 마른 풍경 속에는 누구도 없다. 오직 두 갈래 길만 놓여 있는데 나는 해변 쪽으로 목이 짧은 풀을 밟고 지나가고 있다. 사구 한복판의 길보다 해변 쪽 길은 바람이 더 거세고 차갑다. 그 길은 바다와 뭍의 가파른 가장자리가 주는 신랄함이 있기 때문이다.

내가 걸어가는 모래 땅 위엔 지난밤 어슬렁거리며 지나간 짐승의 발자국이 아직 그대로이다. 짐승의 발자국을 따라가며 나 또한 문명의 옷을 벗고, 뭍의 운명을 떠나 끝없이 밀려오는 바다의 바다로 향해 아우성치는 짐승이 되는 환상에 젖어본다.

해변엔 오래전 박아둔 말뚝들이 바다를 바라보며 서 있다. 짠 바닷물에 절어 허옇게 회칠을 한 나무 말뚝은 마치 묘비처럼 보였다. 해변에 오기 전 읽었던 발레리P. Valery의 시 「해변의 묘지」 구절들이 가슴 한쪽을 뚫고 지나간다. '이 순수한 지점에' 서 "오, 나 혼자 만을 위해, 나 혼자에게, 내 속에, 가슴 곁에, 시의 원천에, 공허와 순수한 사건 사이에서, 나는 기다린다. 내 내부의 위대한 메아리를," 그리고 마침내 나 또한 발레리의 열망을 따라 부르짖는다. "서거라! 뒤 이은 시기에! 내 육체여, 그 사고의 틀을 깨거라! 내 가슴이여, 바람의 탄생을 마시라! 바다에서 나온 신선함이 나에게 내 혼을 돌려준다… 오, 짜디짠 힘이여! 파도로 달려가 다시 생생하게 솟아나자!"

해변은 결연한 시인의 운명을 낳는 곳이다. 그곳은 바다와 뭍의 경계이기 때문이다. 인간은 뭍에서 태어난 종種이다. 그러나 모든 대륙이 바다 위에 떠 있듯 태고의 시간을 거슬러 가면 바다 아래 깊은 곳에서 수면 위에 떠올라 마침내 뭍으로 올라온 인간의 '아주 오래된 옛날' 이 있는 것이다. 근원을 향한 기억에 몸살을 앓는 운명이 시인이며 해변은 '잃어버린 시간' 을 되살려주는 순수한 지점인 것이다. 그래서 모든 시인들은 지상의 끝에 서서, 더 이상 갈 수 없는 바다 앞에 목 놓아 소리치며 그 외침은 시가 되는 것이다. 어디 그뿐인가. 해변은 바다와 뭍이라는 서로 다른 암수가 하나가 되어 뒹구는 곳이다. 해변은 영혼과 육신이 둘 다 느끼는 성감대이며 존재의 암수가 사랑의 시를 잉태하는 곳이다.

사구 풀숲을 지나 해변의 끝에서 이제 나는 바다로 향해 걸어간다. 바람은 멈출 줄 몰랐다. 바람 속에는 땀구멍만큼 작은 모래와 눅눅한 물기가 섞여 얼굴에 달라붙는다. 해변의 풍경은 사람의 목소리로는 메조소프라노이다. 알리시아 나페A. Nafé가 부른 피아졸라A. Piazzolla의 「밀롱가milonga」나 「망각Oblivion」처럼 바람은 그렇게 나를 지나가고 지나간 다음엔 다시 밀려왔다. 반도네온의 주름처럼 끝없이 파도는 밀려오고 있었다.

그뿐이 아니었다. 물이 빠지자 바다 속에 감춰진 모래땅 위로는 일억 개도 넘는 작은 고동들이 기어 다닌 흔적이 채 마르지 않은 백사장 위에 거대한 그림을 그리고 있다. 각각의 운명처럼 자기 길을 가는 고동들의 자취는 단 하나도 같지 않다. 물기가 마르지 않아 사람이 서면 물그림자가 나타나는 모래 땅 위에는 언제부터 나뒹굴고 있는지 모를 어구漁具가 멍하니 있었고 연인들의 모습이 아주 가끔 발견된다. 카메라로 바다를 향해 몇 장의 사진을 찍고는 이내 돌아서 가고 있었고 사구 쪽에는 탐방객 몇이 보이기 시작했다. 난 더 이상 바다와 혼자 있을 수 없는 시간이 왔다는 사실을 바다에게 말하고는 몇 번을 뒤돌아보며 해변을 벗어난다.

신두리 해변을 벗어나 태안반도의 남서쪽 끝에 놓인 파도리에 다시 이르렀다. 내가 파도리에 처음 와 본 것은 십오 년 전 겨울이다. 그때도 지금처럼 나는 여기저기를 떠돌아 다녔다. 우연히 지도에서 파도리라는 이름을 보고 그저 떠나왔던 곳이다. 간사지 들판 가운데로 자르며 난 길 끝의 남루한 마을. 가게마다 '파도'가 넘실거리던 마을, 빨간 내복이 깃발처럼 펄럭이던 집 앞마당, 초등학교 교문을 지나 바랜 모기장이 찢긴 민박집 창문을 열면 이내 바다였다. 해수욕장 간판이 있지만 해변은 모래보다 자갈이 더 많고 바다 앞의 산자락은 파도에 잘려나가 해벽과 동굴처럼 깊은 구멍이 나 있었다. 그때 나는 「파도리에서」란 시를 적었다.

안개 낀 파도리에서

나는

그토록 울었다

서녘 바다의 노을

아픈 환상을 찾아 나서다

잘린 언덕

수 없는 조약돌로

흩어진 얼굴

쏴르르르르 우는

파도리에서

몇 해 전, 이곳에서 나고 자라 농사짓고 살며 시를 쓰는 정낙추鄭樂秋의 시집『그 남자의 손』에서「겨울, 파도리」란 시를 읽었다.

겨울, 파도리에는

바다는 없고 파도만 있다

그리고

파도리를 홀로 찾아와 운 사람이 있었다
그 울음을 달래느라 파도가 더 크게 울었지만
그는 파도가 울음을 그치기 전에 파도리를 떠났다
누구나 살다보면
낯선 곳에서 실컷 울고 싶은 날이 없으랴만
파도에 부대끼며 산 사람들도 울지 않는
파도리에서는 누구도 쉽게 울어서는 안 된다

겨울, 파도리에는
사람 대신 파도가 운다

라는 시였다. 나 말고 여기에 와서 울었던 그 사내는 무엇 때문에 서쪽 땅 끝까지 와서 울었던 걸까? 잘린 해벽 틈 사이 웅크릴만한 검은 구멍 속에서 그도 나처럼 울었던 걸까?

파도리 해변을 걷는다. 파도가 감는 포말의 크기가 큰 탓에 파도에 밀리는 자갈의 울음도 크다. 해변에서 우연히 연인 한 쌍을 보았다. 나이가 좀 있어 보였는데 해변에 있기엔 좀 어울리지 않는 옷을 입은 그들은 구두를 벗고 맨발로 손을 잡고 거닐었다. 쳐다보며 말을 몇 마디 했는데 키가 작은 구릿빛 얼굴의 남자는 내게 맑은 웃음을 지었다. 해변에서 남자가 작은 조약돌로 공기놀이를 하자 여자는 마냥 좋아라했다. 난 한참 동안 두 사람을 지켜보았다. 차 안에서 깡통 같은 걸 꺼내서 바닷가의 어떤 작은 풀을 심는 거였다. 쪼그려 앉은 그들의 뒷모습이 난 그저 아름다웠다. 난 그들의 경제적 사정을 알 수 없지만 '가난한 연인들' 이라고 부르고 싶었다. 그 연인의 가난은 사랑 말고는 생각할 줄 모르기 때문이다. 바다의 금빛 윤슬을 바라보다 그들은 손을 잡고 떠났다. 이젠 아무도 없다. 해변 저쪽에서 파도 위에 연신 낚싯대를 던지는 아저씨 한 사람 밖에. 그러나 그는 내가 지금 보고 있는 바다가 아니라 커다란 수조에서 건질 물고기만 염두하고 있을 뿐이었다.

서녘 바다는 일몰의 바다이다. 동해가 붉은 해오름으로 미래를 꿈꾸게 하는 곳이라면 서해는 미망의 과거를 곱놓게 되는 곳이다. 해가 길어진 탓에 다섯 시라지만 아직 해는 수평선에서 높은 지점에 매달려 있다. 들물로 해변의 파도는 포효하고 있었지만 난바다는 거리 탓인지 잔잔해 보이기만 했다. 태양 아래 바다는 수평선까지 금빛 물길을 만들고 있다. 난 차 안에서 멘델스존의 교향곡 3번 「스코틀랜드」의 아다지오를 크게 틀었다. 현악처럼 흐르는 조류와 끝없이 뭍으로 밀려오는 파도라는 두 개의 선율이 하나가 된 바다의 대위법이 들려주는 장엄한 금빛 음화音畵에 나는 사로잡혔다. 파도는 알 수 없는 심연의 푸가fuga처럼 내 앞으로 계속 다가오는데 가만히 그 끝을 바라보면 섬 하나가 있는 것처럼 신기루를 일으킨다. 바다의 거대한 중력은 끝내 태양의 광휘를 다 집어 삼키고 하루의 다함을 핏빛 노을로 토해내고 있다.

어둠이 내려오기 무섭게 바다는 밤의 심해로 가라앉고 있다. 이제 바다는 없고 파도만이 유일하게 밤을 가른다. 그 파도소리도 귓전에서 멀어져간다. 내 등 뒤에 해변이 있고, 해변 뒤에는 낮보다 더 크고 깊은 밤의 바다가 있다. 그리고 내 눈 앞에는 밤을 잃은 도시의 불빛만이 지상을 비추며 쏜살같이 달리고 있다. 그러나 나를 잡아먹는 쉼 없는 일상의 내륙을 벗어나 해변을 나뒹구는 무엇이라도 되는 순간이 그리워지면 나는 서쪽 땅 끝, 그 해변에 설 것이다. 그 순간은 매번 낯설고, 낯설기 때문에 더 자유롭고, 더 그립기 때문에 더 간절한 시간으로 기억을 붙잡을 것이다. 시가 스스로 일어나는 그때, 그곳 '해변의 묘지' 말이다.

처음도 끝도 없는 길

생각해보면 '길' 만큼 우리네 삶을 그대로 보여주는 게 또 있을까 싶다. 고금의 숱한 문장 속에서 길은 늘 삶의 다른 이름이 되어 우리와 함께 있었다. 나에게도 처음 글이 길이 되어 다가왔던 시절이 있었다. 고등학교 시절, 따스한 아랫목을 붙잡고 있는 내 몸뚱어리를 찬바람이 가만두지 않고 무작정 역으로 끌고 가 남루한 비둘기호가 이름 없는 시골 간이역에 나만 덩그러니 내려놓았던 기억. 은빛 레일처럼 얼어붙은 겨울밤, 약간의 온기가 남은 대합실 벤치가 하룻밤의 전부였던 그때는 그곳이 곽재구郭在九의 '사평역' 이라 생각했던 시절이었다.

그 시절 그 길에는 '내' 가 있지 않았고 가난한 길 위의 인생이 내가 함께할 것이라고 생각했다. 추레한 모습은 한편으로 작위적인 구석이 있었지만 '그래야만 한다' 는 당위의 길을 필연의 길로 알고 있었던 시절. 힘없이 쓰러진 향수가 마치 내 동경의 샘처럼 움직인 더벅머리 청춘이었다. 전라선 열차를 타고 지리산 자락과 섬진강 물길을 따라 흘러들어갔고 감상적인 몇 장의 원고지 뭉치가 문학이라고 취한 목소리로 떠들기도 했다.

하루도 쉬지 않았던 북소리의 교정을 벗어나 나는 고향 바닷가에서 일 년을 보낸 적이 있다. 메케한 고함 대신 인간의 의지와는 상관없이 눈만 뜨면 단 한 번도 단절된 적 없는 파도가 보이는 세상, 그 파도를 넘어 수평선을 향해 나갔다 무사히 돌아오면서 안도의 노래가 있는 세상에서 나는 지상의 길이 아닌 또 다른 길이 도처에 무수하게 많다는 사실을 알게 되었다. 심지어 바다와 육지를 아우르며 삶의 전쟁에 아랑곳하지 않으며 찰나의 고요를 누리는 갈매기의 눈빛도 마주칠 수 있었다.

그리고 그해 겨울, 나는 중부전선 최전방으로 군인의 길을 걸었다. 피할 수 없는 길이었다. 나보다 어리고 못난 자들이 내게 명령을 내리는 길은 내 생각을 다시 뒤엎었다. 길은 더 이상 머리 안에 그려진 지도의 길이 아니라 자갈투성이에 물집 생긴 발바닥의 길이었다. 그렇게 분노했던 부당함이 내게도 자연스런 행위로 인정되고 있다는 사실을 발견하기도 했다. 루쉰魯迅의 소설 「광인일기狂人日記」의 주인공처럼 나도 모르게 사람 고기를 먹었기에 나도 언제가 사람을 잡아먹는 이가 될 수 있다는 사실이었다.

어렵게 학교를 마치고 나온 세상의 길은 좁고 험했다. 그나마 지금까지는 혼자라는 이유로 견딜만한 일도 이젠 내가 책임져야 할 가족 때문에 몇 곱절 더 힘들어졌다. 게다가 '나라가 망했다'는 이야기는 그때까지는 한 번도 생각해보지 못한 현실이었다. 늘 골방에 처박혀 책상물림으로 있었고 술자리의 문학에만 취했던 내가 걸어갈 만한 길은 쉽사리 보이지 않았다. 그리고 그쯤 나는 흔히들 가장 밑바닥에 있다는 길을 걸었다. 만 오 년을 그렇게 밤낮없이 다녔다.

나와 비슷한 길을 가는 이들은 한때 '민중' 이란 이름으로 포장되어 있었지만 그 길 한가운데서 나는 '그들' 과 알몸 그대로 부딪혔다. 관념 속에서 포장된 이름이 아닌 김 씨, 박 씨, 이 형이었다. 살려고 몸부림치자 쓸데없는 것들이 떨어져 나갔고 또 한편으로는 거친 욕지거리도 내 몸의 일부가 되기도 했다. 그렇게 어려운 시절은 지났고 그 길도 잘만 하면 내게 무언가를 줄 수 있다는 사실을 알았지만 더 이상 걸어갈 수 없었다. 쉬지 않고 가는 길은 맹목의 쳇바퀴에 갇혀 그 길이 전부라는 착각에 빠질 수 있다는 두려움 때문이었다.

몸 밖의 길을 벗어나 일 년 동안 집에 머물렀다. 잊었던 음악과 책을 다시 만날 수 있었다. 그리고 다시 찾은 길은 학생들과 책을 읽는 일이었다. 어떤 길에 들어서는 게 꼭 목적을 두고 계획한 것이 아니듯 우연찮은 기회가 한참을 걷게 만들고 또 평생을 가게 하는 것이다. 걷다보니 이래저래 이 길도 제법 걸어왔다. 물론 무작정 내달리는 길과 달리 가다가 길섶에 핀 들꽃이나 먼발치의 풍경을 보는 즐거움이 있는 것도 사실이다.

그러나 이 길의 끝이 어디로 이어질지 나는 늘 궁금하다. 이정표대로 간다면 흥미는 반감되고 삶의 희열감을 상실하는 것인지도 모른다. 다른 건 몰라도 내가 길을 걸으며 잃고 싶지 않은 것은 그 길이 어떤 길이든 간에 발바닥 둘엔 대지의 기운이 솟아오르고 창공의 바람이 머리를 가르고 있는 순간을 느끼고 싶을 뿐이다. 나의 바람은 진정 내 안의 것일까? 아니면 그것조차 나를 가장한 그 무엇인가?

따지고 보면 내가 걸어온 길이 그리 오랜 길은 아니지만 그렇다고 짧은 길도 아니다. 나에게 지금은 마치 단테A. Dante의 『신곡神曲』 첫 구절처럼 "인생의 반 고비"라는 순간이다. 이 순간은 나도 모르게 "길을 잃고 어둔 숲 속에 있는 나"를 돌아볼 수 있는 소중한 시간이다. 인간이란 존재가 '길을 걷는 존재' 라고 말한다면 앞을 향해 걸을 때가 있고, 또 걸어온 길을 되돌아볼 때가 있는 법이다. 내게도 그런 시간이 다가온 것이다.

『신곡』을 언급하다 보니 「연옥편」 제 4곡의 일부가 어렴풋하게 떠올라 책을 꺼내 펼쳐본다. 더 이상의 말이 필요 없는 단테의 문장은 앞을 향해 운전하면서 뒤를 보여주는 백미러와 같다. '밖으로 난 길' 의 풍경과 함께 '내 안에 난 길' 을 되돌아보는 일도 게을리 하지 않을 것을 되새기며 처음도 끝도 없는 길 위에 나는 서 있다.

"이 산은 다른 산과 다르다.
아래에서 시작할 때 가장 힘들고
위로 오를수록 더 쉬워진단다.

그러니 오르는 일이 한결 가벼워져서
배가 강을 따라 떠내려가듯
기분이 좋게 느껴질 때면,

넌 곧 길의 끝에 도달할 것이니
거기서 마침내 휴식을 기대할 수 있을 게다.
더 말할 것이 없구나. 내가 한 말은 다 사실이다."

이상민 여행산문집 여정旅情

펴낸날 2011년 10월 7일
지은이 이상민
펴낸이 윤영진
편 집 함순례
디자인 한천규

펴낸곳 도서출판 심지
등록번호 제253호
주소 대전광역시 동구 삼성동 125-2 4층
전화 042) 635-9942
팩스 042) 635-9941
전자우편 simji42@hanmail.net

ISBN 978-89-6627-014-9 03810
값 13,000원